COM DEUS VOCÊ NUNCA ESTÁ SOZINHO

Título original: *Con Dio non sei mai solo*

Com Deus você nunca está sozinho

1ª edição: Agosto 2024

Todas as citações bíblicas presentes nesta obra foram retiradas da Bíblia de Jerusalém *(nova edição revista), da Editora Paulus.*

Autor:
Bento XVI

Tradução:
Luciene Ribeiro

Preparação de texto:
Dandara Morena

Revisão:
Debora Capella
3GB Consulting

Projeto gráfico:
Jéssica Wendy

Capa:
Rafael Brum

DADOS INTERNACIONAIS DE CATALOGAÇÃO NA PUBLICAÇÃO (CIP)

Igreja Católica, Papa (2005 – 2013 : Bento XVI)
Com Deus você nunca está sozinho / Papa Bento XVI ;
tradução de Luciene Ribeiro. — Porto Alegre : Citadel, 2024.
192 p.

ISBN 978-65-5047-501-7

Título original: Con Dio non sei mai solo

1. Papa Bento – Mensagens 2. Igreja Católica
3. Deus (Cristianismo) I. Título II. Ribeiro, Luciene

24-3593 CDD 265

Angélica Ilacqua - Bibliotecária - CRB-8/7057

Produção editorial e distribuição:

CITADEL
Grupo Editorial

contato@citadel.com.br
www.citadel.com.br

BENTO XVI

COM DEUS VOCÊ NUNCA ESTÁ SOZINHO

Tradução:
Luciene Ribeiro

GRATUS
2024

Sumário

Prefácio

Como todos sabemos, os discursos e homilias proferidos pelo papa Ratzinger durante o período em que governou a Igreja, bem como seus escritos, foram muito mais do que dez textos – quase todos de riquíssimo conteúdo e eminente qualidade de expressão. E se estendermos nossa visão a toda a obra de Joseph Ratzinger, mesmo as produções anteriores ao papado (e, em menor número, alguns escritos posteriores), deparamo-nos com um vasto oceano que, graças à publicação de *Opera Omnia*, ainda em curso, poderá ser revisitado e explorado por muito tempo. Portanto, qualquer seleção seria necessariamente restritiva e, até certo ponto, questionável.

Ao mesmo tempo, o pensamento de Bento XVI é tão coerente, digamos até "orgânico" em seu conjunto e desenvolvimento, que as suas linhas mestras podem ser apreendidas mesmo a partir de uma escolha limitada dos seus textos.

Nesta coleção, limitamo-nos de modo estrito ao período do pontificado. É o papa Bento XVI quem fala. Para facilitar a leitura, optamos pela apresentação de um conteúdo compacto. Daí a escolha de dez textos, necessariamente arbitrária, mas em um número de forma simbólica completo.

Percorrendo o sumário, percebe-se que se trata sempre de "discursos", ou seja, de textos efetivamente apresentados de maneira oral, diante de um público específico. Não são "escritos" ou "documentos" magistrais, nem enriquecidos por extensa documentação. São textos de extensão limitada, caracterizados por um contexto concreto. Isso não impede que o papa Bento amplie seu olhar para os horizontes do mundo e da história, mas determina em cada ocasião a escolha do tema e do gênero expressivo, que ele mesmo indica com muita clareza ao introduzir suas intervenções.

Os tempos dos discursos são diversos e se distribuem ao longo de todo o pontificado. Uma coisa é se dirigir a toda a Igreja no grande dia da coroação como pontífice; outra é falar diretamente aos sacerdotes, no momento dramático da crise dos abusos sexuais; outra é discursar em uma última audiência, despedindo-se dos fiéis. Portanto, percorreremos o caminho de seu papado do começo ao fim.

Os lugares também são diversos. Uma coisa é falar aos fiéis reunidos na Praça de São Pedro ou conectados por áudio e vídeo em todo o mundo; outra é falar à Cúria Romana, e outra é falar com os jovens durante a Jornada Mundial da Juventude em Colônia. Ainda mais diferente é discursar no campo de concentração de Auschwitz-Birkenau, ou na Universidade de Ratisbona, ou no Palácio do Reichstag de Berlim em frente ao parlamento alemão, e assim por diante. Porém, não escapa ao observador atento que todos esses locais estão na Europa. Em certo sentido, não é uma coincidência. O último "papa europeu" conhecia muito bem a cultura e a história de seu continente, e tem convicção de que não é por acaso que a forma adotada pela fé cristã em diálogo com a razão tenha se formado na Europa, que ali estão visíveis as dramáticas fraturas decorrentes desse diálogo entre fé e razão e que ele tem a obrigação de continuar esse diálogo e restaurá-lo, a serviço de toda a humanidade.

O orador é sempre Bento XVI – inequivocamente ele. Com toda a vastidão de sua cultura, sua clareza ao expor argumentos complexos, sua paixão pela busca da verdade, a profissão explícita da sua fé católica. Não é demais observar que, dentre os inúmeros discursos e intervenções que cada papa lê ou profere, em todos os tipos de eventos, boa parte naturalmente não é redigida por ele em pessoa, mas por seus colaboradores; e o papa os "adota como seus", depois de verificar se são compatíveis com sua linha de pensamento. Isso também se aplica ao papa Ratzinger, embora menos do que a outros. No entanto, no caso dos discursos desta coletânea, certamente todos são "dele", da primeira à última palavra. Eram ocasiões importantes demais para que ele não assumisse plena responsabilidade pela escolha de cada palavra e argumento.

Se pudéssemos acrescentar algumas palavras às dez preleções selecionadas, poderíamos distingui-las em dois grupos: cinco se referem prioritariamente ao contexto interno da Igreja, e cinco são relacionadas ao mundo da cultura, sociedade e política.

"A Igreja está viva. Eis a maravilhosa experiência destes dias!" (24 de abril de 2005). "Estou mesmo emocionado! E vejo a Igreja viva!" (27 de fevereiro de 2013). O pontificado de Bento XVI inicia e termina com o mesmo testemunho: a vitalidade da Igreja, que lhe foi confiada para liderar. Apesar das dificuldades, a Igreja está viva – porque Cristo está vivo, ressuscitado; e a Igreja pertence a Ele, que é o Bom Pastor e a acompanha, permanecendo no barco mesmo nos momentos de tempestade. Não há outra missão a cumprir senão deixar-se guiar por Ele com confiança. Apascentar significa amar; significa mostrar Deus aos homens, o Deus que podemos encontrar em Cristo e que nos salva dos desertos e das trevas, para nos conduzir à vida e à luz. O primeiro discurso de Bento termina com um apelo aos jovens para que não tenham medo de Cristo, que nada tira e tudo dá. Ressoa o eco do primeiro grande discurso do papa Wojtyla: "Não tenhais medo, abra as portas para Cristo!". A história da Igreja, em si mesma e em sua projeção missionária, só pode ser compreendida por meio da fé.

Bento se encontrará com os jovens alguns meses depois, na Jornada Mundial da Juventude em Colônia, e os convidará a caminhar, assim como os Magos do Oriente, pelo caminho da Igreja ao longo do tempo. Uma Igreja com seus erros e defeitos, feita de pecadores, mas também de santos. Esses são os verdadeiros revolucionários da história, e nos ensinam o estilo de Deus: não o poder, mas sim a verdade, a justiça, a bondade, o perdão, a misericórdia, construindo um espaço de comunhão e unidade entre continentes, culturas, nações – seguindo a estrela de Cristo, que ilumina toda a história.

Para indicar o caminho da renovação da Igreja em nosso tempo, o papa Bento traz como referência os textos do Concílio Vaticano II, quarenta anos após o seu encerramento. Como testemunha do Concílio, do qual participou ativamente como teólogo especialista, ele tem autoridade para desenvolver um discurso sobre a correta recepção de seus ensinamentos. Um discurso famoso sobre a diferença entre uma hermenêutica de "ruptura e descontinuidade" e uma hermenêutica de "reforma e continuidade", em que fé e razão se unem. O papa Bento afirma que os frutos positivos do Concílio ainda estão amadurecendo. Ele destaca, em particular, a nova atitude positiva da Igreja, que orienta o diálogo entre a razão e a fé em nosso tempo, em campos de importância crucial – como a relação entre ciência e fé, as relações entre a Igreja e o Estado laico moderno, a visão da Igreja sobre o homem e a sociedade, e o diálogo entre a Igreja Católica e as grandes religiões.

Ainda que a marca registrada do pontificado de Bento XVI tenha sido sua personalidade de papa-teólogo – e, consequentemente, seu compromisso com a proposta da fé cristã em relação à cultura contemporânea –, não podemos esquecer que esse período também foi marcado por grandes problemas administrativos, em particular pelo surgimento de escândalos sobre abusos sexuais – não apenas na sociedade em geral, mas também, e em específico, no clero católico. Uma situação dolorosa e dramática, à qual o papa precisou dedicar grande parte de suas forças. Dentre as suas numerosas intervenções sobre o tema, trazemos nesta coletânea – sob a perspectiva de uma leitura teológico-espiritual – a homilia proferida na Santa Missa de encerramento do Ano Sacerdotal de 2010. A presença do mal, do "maligno" e do pecado na vida da Igreja, apesar da sua força terrível, não deve destruir nossa confiança no poder da graça de Cristo e nos seus frutos de santidade. No entanto, como prova do grande empenho do papa Bento XVI ao responder a esse desafio, pareceu necessário acrescentar, como apêndice, a *Carta Pastoral aos Católicos na Irlanda*, o documento mais abrangente que ele dedicou ao assunto, com uma orientação abrangente e definitiva para o caminho da conversão e da renovação.

Os outros cinco discursos, dirigidos para "fora" da Igreja, estão entre os mais conhecidos e significativos de seu pontificado. Relendo-os em conjunto, eis que surge diante de nós – com uma clareza inesperada e quase surpreendente – o fio condutor comum: a relação e o diálogo entre a razão e a fé. Ao longo da história e, sobretudo hoje, em nosso tempo. A partir da dramática e inescapável pergunta de Auschwitz "Onde estava Deus naqueles dias?", o papa Bento percorre humildemente um longo e árduo caminho. Trata-se de reconhecer um Deus da razão; mas de uma razão que não é uma matemática neutra do

Universo, mas uma com o amor, com o bem e que nos leva a reconhecer o mal como mal – e a rejeitá-lo. Em Ratisbona, Bento aborda expressamente como tema a relação entre fé e razão, partindo do encontro entre a fé bíblica e o questionamento grego até chegar aos dias atuais.

Em Paris, no Collège des Bernardins, ele explorou a relação entre as origens da teologia ocidental na Idade Média e as raízes da cultura europeia, indicando que a formação dessa cultura é fruto do *quaerere Deum*: a atual ausência de Deus é permeada pela nossa busca por Ele, e a busca por Deus continua sendo o fundamento de toda verdadeira cultura.

Em Londres, no Westminster Hall (diante dos representantes do povo britânico, e no exato local onde ocorreu o julgamento de São Tomás Moro), ele fala sobre o lugar de direito que as crenças religiosas devem manter ainda hoje no processo político e afirma que o mundo da razão e da fé precisam um do outro, para o bem da civilização. Ele argumenta que, a menos que os princípios morais que sustentam o processo democrático sejam fundamentados em algo mais sólido do que o consenso social, sua fragilidade se tornará aparente. Por fim, na própria sede do parlamento alemão, em Berlim, evocando o abismo do horror nazista, Bento aborda a questão dos fundamentos do Estado liberal de direito, bem como a dificuldade de discernirmos entre o bem e o mal em questões antropológicas fundamentais, que ainda estão em jogo na sociedade contemporânea. Ele questiona o domínio exclusivo da razão positivista e nos lembra que o homem tem uma natureza que deve ser respeitada – e não manipulada à vontade, pois o homem não pode criar a si mesmo.

Assim, o papa Bento XVI propõe novamente à humanidade de nosso tempo a seguinte questão: a razão objetiva que se manifesta na natureza, investigada e conhecida pela razão subjetiva do homem, não pressupõe uma Razão criadora, que funde a ambas e remete à responsabilidade do homem diante de Deus – e o reconhecimento da dignidade inviolável de cada ser humano, feito à imagem de Deus?

Se nos lembrarmos que o papa Bento XVI sempre considerou ser missão primordial da Igreja (e a sua própria missão) falar à humanidade sobre Deus, sobre o Deus de Jesus Cristo, em uma época em que Deus parece estar desaparecendo no horizonte da humanidade secularizada; e se nos lembrarmos que ele pôde vislumbrar os frutos do Concílio na redescoberta do diálogo positivo entre a Igreja e o mundo moderno, compreenderemos com quanta paixão ele procurou apregoar e praticar pessoalmente o diálogo entre a razão e a fé, como um caminho necessário para o bem, para a salvação de cada pessoa e de toda a família humana, diante dos desafios dramáticos de nosso tempo.

Essa é a mensagem que emerge com grande força ao lermos estas páginas e ao ouvirmos mais uma vez os grandes discursos de Bento XVI.

– PADRE FEDERICO LOMBARDI
Presidente da Fundação Vaticana Joseph Ratzinger - Bento XVI

No que diz respeito aos textos oficiais, foram feitas intervenções na fase de redação, integrando as referências bibliográficas e referindo-se, sempre que possível, às edições italianas das obras literárias citadas pelo autor.

Os títulos dos discursos e os subtítulos dos vários parágrafos foram escolhidos pelos editores.

Do *Discurso à Cúria Romana por ocasião da apresentação dos votos de Natal,* de 22 de dezembro de 2005, decidiu-se publicar apenas a parte relativa ao tema da hermenêutica do Concílio Vaticano II, dada a importância da posição expressa por Bento XVI naquele momento.

Capítulo 1

Cristo está à frente de uma Igreja viva

Praça de São Pedro, 24 de abril de 2005

Homilia por ocasião da Santa Missa de imposição do Pálio e entrega do Anel do Pescador, para o início do Ministério Petrino do bispo de Roma.

Não estou sozinho

Por três vezes, nestes dias tão intensos, o cântico das ladainhas dos santos nos acompanhou: durante o funeral do nosso Santo Padre João Paulo II; por ocasião da entrada dos cardeais em Conclave; e, também hoje, quando as cantamos de novo com a invocação *Tu illum adiuva* – ampara o novo sucessor de São Pedro. Em todas as ocasiões, de modo totalmente particular, ouvi esse cântico de oração como um grande conforto.

Como nos sentimos abandonados depois da perda de João Paulo II! O papa que por 26 anos foi o nosso pastor e guia no caminho através deste tempo. Ele cruzou o limiar para a outra vida, entrando no mistério de Deus. Mas não deu esse passo sozinho. Quem crê nunca está sozinho, nem na vida nem na morte. Naquele momento, pudemos invocar os santos de todos os séculos, os seus amigos, os seus irmãos na fé, sabendo que teriam estado no cortejo vivo que o teria acompanhado no além, até a glória de Deus. Sabemos que a sua chegada era esperada. Agora sabemos que ele está entre os seus e verdadeiramente em casa.

Mais uma vez, fomos confortados cumprindo a solene entrada em conclave, para eleger aquele que o Senhor tinha escolhido. Como podíamos reconhecer o seu nome? Como poderiam 115 bispos, provenientes de todas as culturas e países, encontrar aquele ao qual o Senhor desejava conferir a missão de ligar e desligar? Mais uma vez, nós sabíamos: sabíamos que não estávamos sós, e que estávamos circundados e sendo conduzidos e guiados pelos amigos de Deus. E agora, neste momento, eu, frágil servo de Deus, devo assumir esta tarefa inaudita, que realmente supera qualquer capacidade humana. Como posso fazer isso? Como serei capaz disso?

Todos vós, queridos amigos, acabaram de invocar todos os santos, representados por alguns dos grandes nomes da história de Deus com os homens. Dessa forma, também em mim se reaviva esta autoconsciência: não estou sozinho. Não devo carregar sozinho algo que na realidade nunca poderia carregar sozinho. Os numerosos santos de Deus protegem-me, amparam-me e me guiam. E a vossa oração, queridos amigos, a vossa indulgência, o vosso amor, a vossa fé e a vossa esperança me acompanham. De fato, à comunidade dos santos não pertencem somente as grandes figuras que nos precederam, e das quais conhecemos os nomes.

Todos nós somos a comunidade dos santos: nós, os batizados em nome do Pai, do Filho e do Espírito Santo; nós que vivemos do dom da carne e do sangue de Cristo, por meio do qual Ele nos quer transformar e tornar-nos semelhantes a Si mesmo.

Sim, a Igreja está viva! Eis a maravilhosa experiência destes dias. Precisamente nos tristes dias da doença e morte do papa, isso se manifestou de modo maravilhoso aos nossos olhos: a Igreja está viva. E a Igreja é jovem. Ela carrega em si o futuro do mundo, portanto também mostra a cada um de nós o caminho para o futuro. A Igreja está viva, e podemos sentir: temos experimentado a alegria que o Ressuscitado prometeu aos seus.

A Igreja está viva. Está viva porque Cristo está vivo, porque Ele realmente ressuscitou. No sofrimento presente no rosto do Santo Padre, nos dias de Páscoa, contemplamos o mistério da paixão de Cristo e, ao mesmo tempo, tocamos nas suas chagas. Mas em todos esses dias também pudemos, num sentido profundo, tocar o Ressuscitado. Foi-nos concedido experimentar a alegria que Ele prometeu, depois de um breve tempo de escuridão, como fruto da sua ressurreição.

A Igreja está viva, e assim saúdo com grande alegria e gratidão todos vós que estais aqui reunidos, venerados irmãos cardeais e bispos, queridos sacerdotes, diáconos, agentes de pastoral, catequistas. Saúdo a vós, religiosos e religiosas, testemunhas da transfiguradora presença de Deus. Saúdo a vós, irmãos leigos, imersos no grande espaço da construção do Reino de Deus que se expande no mundo, em todas as expressões da vida.

O discurso torna-se cheio de afeto também na saudação que dirijo aos que, renascidos no sacramento do Batismo, ainda não estão em plena comunhão conosco; e a vós, irmãos do povo judaico, aos quais nos sentimos ligados por um grande patrimônio espiritual comum, que tem as raízes firmadas nas irrevogáveis promessas de Deus. Por fim, o meu pensamento – quase como uma onda que se expande – dirige-se a todos os homens do nosso tempo, crentes e não crentes.

Minha tarefa? Escutar e deixar-me guiar por Ele

Queridos amigos! Neste momento, não há necessidade de apresentar um programa de governo. Já tive a oportunidade de expor alguns aspectos daquilo que considero minha tarefa na mensagem de quarta-feira, 20 de abril; não faltarão outras ocasiões para fazê-lo. O meu verdadeiro programa de governo não é fazer a minha vontade, não é perseguir as minhas próprias ideias, mas colocar-me, com a Igreja inteira, à escuta da palavra e da vontade do Senhor – e deixar-me guiar por Ele, de forma que seja Ele mesmo a conduzir a Igreja neste momento da nossa história. Em vez de expor um programa, gostaria apenas de procurar comentar os dois sinais com os quais se representa liturgicamente a assunção do Ministério Petrino; além do mais, esses dois sinais também refletem com precisão o que está sendo proclamado nas leituras de hoje.

O primeiro sinal é o Pálio, tecido de lã pura, colocado sobre meus ombros. Esse antiquíssimo sinal, que os Bispos de Roma usam desde o século IV, pode ser considerado uma imagem do jugo de Cristo, que o Bispo desta cidade, o Servo dos Servos de Deus, carrega sobre os ombros.

O jugo de Deus é a vontade de Deus, que aceitamos. E essa vontade não é para nós um fardo exterior, que nos oprime e nos priva da liberdade. Conhecer o que Deus quer, saber qual é o caminho da vida: eis a alegria de Israel, eis o seu grande privilégio. Esta é também a nossa alegria: a vontade de Deus não nos desvia, mas nos purifica – talvez até de forma dolorosa – e assim nos conduz a nós mesmos.

Dessa maneira, servimos não apenas a Ele, mas também à salvação de todo o mundo, de toda a história. Na realidade, o simbolismo do

Pálio é ainda mais concreto: a lã do cordeiro pretende representar a ovelha perdida, ou mesmo doente e frágil, que o pastor coloca sobre os ombros e conduz às águas da vida.

A parábola da ovelha perdida, que o pastor procura no deserto, é para os padres da Igreja uma imagem do mistério de Cristo e da Igreja. A humanidade – todos nós – é a ovelha perdida que, no deserto, já não consegue encontrar o caminho. O Filho de Deus não tolera isso. Ele não pode abandonar a humanidade em uma condição tão miserável.

Ele se levanta de ímpeto e abandona a glória do céu para reencontrar a ovelha e persegui-la, até a cruz. Carrega-a sobre os ombros, leva a nossa humanidade, leva-nos a nós mesmos – Ele é o bom pastor, que dá a vida pelas ovelhas.

O Pálio diz, antes de tudo, que todos nós somos carregados por Cristo. Mas, ao mesmo tempo, convida-nos a carregar uns aos outros. Assim, o Pálio torna-se o símbolo da missão do pastor, de que falam a segunda leitura e o Evangelho.

A santa preocupação de Cristo deve animar o pastor: para ele, não é indiferente que tantas pessoas vivam no deserto. E existem muitas formas de deserto. Há o deserto da pobreza, o deserto da fome e da sede, o deserto do abandono, da solidão, do amor destruído. Há o deserto da ausência de Deus, do esvaziamento das almas que perderam a consciência da dignidade e do caminho do homem.

Os desertos exteriores se multiplicam no mundo porque os desertos interiores se tornaram grandes demais. Por isso, os tesouros da terra já não estão ao serviço da edificação do jardim de Deus, no qual todos podem viver, mas, sim, tornaram-se escravos dos poderes da exploração e da destruição.

A Igreja como um todo, e os Pastores nela, como Cristo, devem pôr-se a caminho a fim de conduzir os homens para fora do deserto, rumo ao lugar da vida, da amizade com o Filho de Deus, rumo Àquele que nos dá vida, e vida em plenitude.

O símbolo do cordeiro tem ainda outro aspecto. No Antigo Oriente, era costume que os reis se designassem como pastores de seu povo. Essa era uma imagem do seu poder, mas uma imagem cínica: os povos eram para eles como ovelhas, das quais o pastor podia dispor como lhe aprouvesse.

No entanto, o Pastor de todos os homens, o Deus vivo, se tornou ele mesmo Cordeiro; ele ficou ao lado dos cordeiros, daqueles que são pisoteados e mortos. É precisamente assim que Ele se revela o verdadeiro Pastor: "Eu sou o Bom Pastor... dou minha vida pelas minhas ovelhas", diz Jesus de si mesmo (João 10:14-15). Não é o poder que redime, mas o amor! Este é o sinal de Deus: Ele mesmo é amor.

Quantas vezes já desejamos que Deus se mostrasse mais forte; que Ele agisse duramente, vencesse o mal e criasse um mundo melhor. Mas todas as ideologias de poder se constroem desta forma: justificando a destruição daquilo que se opõe ao progresso e à libertação da humanidade. Sofremos pela paciência de Deus; mas de igual modo precisamos de sua paciência. O Deus que se fez Cordeiro nos diz que o mundo é salvo pelo Crucificado, e não pelos que crucificam. O mundo é redimido pela paciência de Deus e destruído pela impaciência dos homens.

Uma das características fundamentais do pastor deve ser a de amar os homens que lhe foram confiados, assim como ama a Cristo, a cujo serviço se encontra. "Apascenta as minhas ovelhas", diz Cristo a Pedro, e também a mim, neste momento. Apascentar significa amar; e amar também significa estar pronto para sofrer. Amar significa dar às ovelhas o verdadeiro bem: o alimento da verdade de Deus, da palavra de Deus, o alimento da sua presença, que Ele nos oferece no Santíssimo Sacramento. Queridos amigos, neste momento posso apenas dizer: orai por mim, para que eu aprenda cada vez mais a amar ao Senhor. Orai por mim, para que eu aprenda a amar cada vez mais o seu rebanho – vós, a Santa Igreja, cada um de vós singularmente e todos vós juntos.

Orai por mim, para que eu não fuja, por receio, diante dos lobos. Oremos uns pelos outros, para que o Senhor nos carregue em Seus braços e aprendamos a carregar uns aos outros.

Existimos para mostrar Deus aos homens

O segundo sinal, com o qual se representa na liturgia de hoje o início do Ministério Petrino, é a entrega do Anel do Pescador. A chamada de Pedro para ser pastor, que ouvimos no Evangelho, acontece depois de uma pesca abundante: depois de uma noite, durante a qual tinham lançado as redes sem pescar nada, os discípulos veem na margem do lago o Senhor Ressuscitado. Ele lhes ordena que voltem a pescar, e eis que a rede se enche tanto que não conseguem tirá-la da água, 153 peixes grandes: "E apesar de serem tantos, a rede não se rompeu" (João 21:11).

Essa história, no final do caminho terreno de Jesus com os seus discípulos, corresponde a uma história do início: também naquele momento, os discípulos não tinham pescado nada durante toda a noite; também naquele momento, Jesus convidou Simão para sair ao mar mais uma vez. E Simão, que ainda não se chamava Pedro, deu a admirável resposta: "Mestre, por Tua palavra lançarei as redes!". E eis a declaração de sua missão: "Não tenhas medo! Doravante serás pescador de homens" (Lucas 5:10). Ainda hoje, a Igreja e os sucessores dos apóstolos são instruídos a se lançar no mar profundo da história e lançar as redes, a fim de conquistar os homens para o Evangelho – para Deus, para Cristo, para a verdadeira vida.

Os padres também dedicaram um comentário muito particular a essa tarefa. Eles dizem assim: para o peixe, criado para a água, é mortal ser tirado do mar. Ele é privado de seu elemento vital para servir de alimento ao homem. Mas na missão do pescador de homens acontece o oposto. Nós, homens, vivemos alienados, nas águas salgadas do sofrimento e da morte; em um mar de escuridão, sem luz.

A rede do Evangelho nos tira das águas da morte e nos leva ao esplendor da luz de Deus, à verdadeira vida. É exatamente assim a missão do pescador de homens, seguindo a Cristo: é preciso tirar os homens do mar salgado de todas as alienações rumo à terra da vida, rumo à luz de Deus. É exatamente assim: existimos para mostrar Deus aos homens.

E, apenas onde se vê Deus, começa a vida de verdade. Somente quando encontramos em Cristo o Deus vivo, conhecemos o que é a vida.

Não somos o produto casual e sem sentido da evolução. Cada um de nós é fruto de um pensamento de Deus. Cada um de nós é querido, cada um de nós é amado, cada um de nós é necessário. Não há nada mais belo do que ser alcançado, surpreendido pelo Evangelho, por Cristo. Não há nada mais belo do que conhecê-Lo e comunicar aos outros a Sua amizade. A tarefa do pastor, do pescador de homens, muitas vezes pode parecer cansativa. Mas é bela e imensa, porque no fundo é estar a serviço da alegria – a alegria de Deus, que quer entrar no mundo.

Neste momento, gostaria de salientar mais uma coisa: tanto na imagem do pastor como na do pescador, surge de forma muito explícita um apelo à unidade. "Tenho ainda outras ovelhas que não são deste redil; devo conduzi-las também; elas ouvirão a minha voz; então haverá um só rebanho, um só pastor" (João 10:16), diz Jesus ao final do sermão do Bom Pastor. E a história dos grandes 153 peixes termina com uma gloriosa constatação: "E apesar de serem tantos, a rede não se rompeu" (João 21:11).

Ai de mim, amado Senhor! A rede está rompida! Poderíamos dizer que estamos tristes. Mas não, não devemos ficar tristes! Alegremo-nos com a Tua promessa, que não desilude, e façamos todo o possível para trilhar o caminho rumo à unidade, que Tu prometeste. Façamos memória dela em oração ao Senhor, em súplica: sim, Senhor, lembra daquilo que prometeste. Faz com que sejamos um só Pastor e um só rebanho! Não permita que a Tua rede se rompa, e ajuda-nos a sermos servos da unidade!

Quem acolhe Cristo nada perde

Neste momento, minha memória retorna ao dia 22 de outubro de 1978, quando o papa João Paulo II deu início ao seu ministério aqui na Praça de São Pedro. Repetidas vezes, suas palavras de então ressoam em meus ouvidos: "Não tenhais medo! Procurai abrir as portas para Cristo!".

O papa se dirigia aos fortes, aos poderosos do mundo, temerosos de que Cristo pudesse tirar algo de seu poder se eles o deixassem entrar e lhe concedessem a liberdade de fé. Sim, com certeza Ele teria tirado algo deles: o domínio da corrupção, da perturbação do direito, do arbítrio. Mas não teria tirado nada do que pertence à liberdade do homem, à sua dignidade, à construção de uma sociedade justa.

O papa falava também a todos os homens, sobretudo aos jovens. Todos nós porventura não temos medo, de um modo ou de outro, de deixar Cristo adentrar-nos totalmente, de nos abrirmos completamente a Ele? Medo de que Ele possa tirar algo de nossa vida? Não temos medo de renunciar a algo grandioso, único, que torna a vida tão bela? Não corremos o risco de nos encontrarmos em perigo, e privados de liberdade?

E, mais uma vez, o papa queria dizer: Não! Quem deixa Cristo entrar, nada perde. Nada, absolutamente nada daquilo que torna a vida livre, grande e bela. Não! Apenas nessa amizade se escancaram as portas da vida. Apenas nessa amizade se revela verdadeiramente o grande potencial da condição humana. Apenas nessa amizade experimentamos o que é belo e o que liberta.

Assim, eu gostaria de vos dizer hoje, queridos jovens, com grande força e convicção, partindo da experiência de uma longa vida pessoal: não tenhais medo de Cristo! Ele não tira nada; Ele dá tudo. Quem se doa por Ele recebe cem vezes mais. Sim, escancarai as portas para Cristo, e encontrareis a verdadeira vida. Amém.

Capítulo 2

O Concílio Vaticano II: um ímpeto para renovar a Igreja

Cidade do Vaticano, 22 de dezembro de 2005

Discurso à Cúria Romana por ocasião da apresentação dos votos de Natal.

Comparando duas hermenêuticas

Nesta ocasião, gostaria de refletir sobre a celebração do encerramento do Concílio Vaticano II, há quarenta anos. Tal memória suscita a interrogação: qual foi o resultado do Concílio? Foi recebido de modo correto? Na recepção do Concílio, o que foi bom? O que foi insuficiente ou errado? E o que ainda deve ser feito?

Ninguém pode negar que, em grande parte da Igreja, a recepção do Concílio se deu de modo bastante difícil, ainda que não se deseje aplicar ao que aconteceu nos últimos anos a descrição que o grande doutor da Igreja, São Basílio, faz da situação da Igreja depois do Concílio de Niceia: ele o compara a uma batalha naval na escuridão da tempestade, dizendo, entre outras coisas: "O grito rouco daqueles que, pela discórdia, se levantam uns contra os outros, os palavreados incompreensíveis e o ruído confuso dos clamores ininterruptos já encheram quase toda a Igreja falsificando, por excesso ou por defeito, a reta doutrina da fé...".[1]

1. Basílio Magno, *De Spiritu Sancto*, XXX, 77, Città Nuova, Roma 1993, p. 199.

Surge a pergunta: por que a recepção do Concílio, em grande parte da Igreja, ocorre até hoje de maneira tão difícil? Bem, tudo depende da correta interpretação do Concílio – ou, como diríamos hoje, de sua correta hermenêutica, da justa chave de leitura e aplicação.

Os problemas de recepção derivam do fato de que duas hermenêuticas opostas se confrontaram e disputaram entre si. Uma causou confusão, e a outra, silenciosamente, mas de modo cada vez mais visível, produziu e produz frutos. Por um lado, há uma interpretação que eu gostaria de definir como "hermenêutica da descontinuidade e da ruptura"; não raras vezes, ela pôde se valer da simpatia dos meios de comunicação de massa e também de uma parte da teologia moderna. Por outro lado, existe a "hermenêutica da reforma", da renovação na continuidade do único sujeito-Igreja, que o Senhor nos concedeu; é um sujeito que cresce no tempo e se desenvolve, mas permanece sempre o mesmo, o único sujeito do Povo de Deus em movimento.

A hermenêutica da descontinuidade corre o risco de terminar numa ruptura entre a Igreja pré-conciliar e a Igreja pós-conciliar. Ela afirma que os textos do Concílio como tais ainda não seriam a verdadeira expressão do espírito do Concílio. Seriam o resultado de compromissos em que, para alcançar a unanimidade, foi necessário andar para trás e reafirmar muitas coisas antigas, já inúteis. No entanto, o verdadeiro espírito do Concílio não se revelaria nesses compromissos, mas, sim, nos impulsos rumo ao novo, subjacentes aos textos: somente esses representariam o verdadeiro espírito do Concílio, e, com base e conforme eles, seria necessário progredir.

Precisamente porque os textos refletiriam apenas, de modo imperfeito, o verdadeiro espírito do Concílio e a sua novidade, seria preciso ir com coragem para além dos textos, abrindo espaço para a novidade, na qual se expressaria a intenção mais profunda, embora ainda indistinta, do Concílio.

Em síntese: seria necessário seguir não os textos do Concílio, mas o seu espírito. Dessa forma, é claro, resta uma grande margem para a questão de como se define esse espírito e, consequentemente, como se concede espaço para qualquer inconsistência. Com isso, no entanto, a natureza de um Concílio como tal é mal compreendida já em sua origem. Desse modo, ele é considerado uma espécie de Assembleia Constituinte, que elimina uma Constituição antiga e cria uma nova. Mas a Assembleia Constituinte precisa de um mandante, e depois de uma confirmação por parte do mandante – ou seja, do povo ao qual essa Constituição deve servir.

Os padres não tiveram esse mandato, e ninguém jamais lhes havia dado; afinal, ninguém poderia dá-lo, porque a Constituição essencial da Igreja vem do Senhor, e nos foi dada para que pudéssemos alcançar a vida eterna e, a partir dessa perspectiva, iluminar a vida no tempo, e o próprio tempo.

Os bispos, pelo sacramento que receberam, são depositários do dom do Senhor. Eles são "administradores dos mistérios de Deus" (1 Coríntios 4:1); e, como tais, devem permanecer "fiéis e prudentes" (Lucas 12:41-48). Isso significa administrar o dom do Senhor de maneira justa, não ficar escondidos em algum esconderijo, mas dar frutos; e que o Senhor, no final, possa dizer ao administrador: "Sobre o pouco foste fiel, sobre o muito te colocarei" (Mateus 25:14-30; Lucas 19:11-27).

Nessas parábolas do Evangelho, exprime-se a dinâmica da fidelidade, que interessa ao serviço do Senhor; e nelas também se torna evidente que, durante um Concílio, dinâmica e fidelidade devem tornar-se como uma só.

A boa semente do Concílio germina

A hermenêutica da reforma se opõe à hermenêutica da descontinuidade, e ambas foram apresentadas pela primeira vez pelo papa João XXIII no discurso de abertura do Concílio, em 11 de outubro de 1962, e em seguida pelo papa Paulo VI no discurso de encerramento, em 7 de dezembro de 1965.

Desejo citar aqui somente as palavras tão conhecidas de João XXIII nas quais essa hermenêutica é expressa inequivocadamente, quando diz que o Concílio "quer transmitir a doutrina pura e íntegra sem atenuações nem desvios", e prossegue:

> O nosso dever não é somente guardar este tesouro precioso, como se nos preocupássemos unicamente com sua antiguidade, mas dedicar-nos com diligente vontade e sem temor a esta obra, que a nossa época exige... É necessário que esta doutrina certa e imutável, que deve ser fielmente respeitada, seja aprofundada e apresentada de modo que corresponda às exigências do nosso tempo. De fato, uma coisa é o depósito da fé, isso é, as verdades contidas na nossa veneranda doutrina, e outra coisa é o modo como são enunciadas, conservando nelas, porém, o mesmo sentido e o mesmo resultado.[2]

2. Sacrosanctum Oecumenicum Concilium Vaticanum II, *Constitutiones Decreta Declarationes*, Typis Polyglottis Vaticanis, Cidade do Vaticano, 1974, pp. 863-865.

É claro que esse compromisso de exprimir de modo novo uma verdade específica exige uma nova reflexão sobre esta, e uma nova relação vital com ela; também é evidente que a palavra nova somente poderá amadurecer se nascer de uma compreensão consciente da verdade expressa; e que, por outro lado, a reflexão sobre a fé exige igualmente que essa fé seja vivida.

Nesse sentido, o programa proposto pelo papa João XXIII foi extremamente exigente, assim como é exigente e dinâmica a síntese de fidelidade. Porém, onde quer que essa interpretação tenha orientado a recepção do Concílio, cresceu uma nova vida e amadureceram novos frutos.

Quarenta anos depois do Concílio, podemos ver que o saldo positivo é maior e mais vivo do que poderia parecer naquela agitação ocorrida por volta de 1968.

Hoje vemos que a boa semente, embora se desenvolva lentamente, ainda germina; assim como nossa profunda gratidão pelo trabalho realizado pelo Concílio.

A fé e a Era Moderna

Paulo VI, em discurso de conclusão do Concílio, indicou ainda outra motivação específica pela qual uma hermenêutica da descontinuidade poderia parecer convincente. No grande debate sobre o homem, que caracteriza a época moderna, o Concílio teve que se dedicar de modo particular ao tema da antropologia. Ele precisou se perguntar sobre a relação entre a Igreja e sua fé, de um lado, e o homem e o mundo de hoje, de outro.[3]

---

3. *Ibid.*, p. 1066s.

A questão torna-se ainda mais clara se, em vez do termo genérico "mundo de hoje", escolhêssemos um termo mais preciso: o Concílio deveria determinar de modo novo a relação entre a Igreja e a Era Moderna. Esse relacionamento teve um início muito problemático com o julgamento de Galileu. Depois foi totalmente rompido quando Kant definiu "a religião no contexto da pura razão" e quando, na fase radical da Revolução Francesa, se difundiu uma imagem do Estado e do homem que quase não desejava conceder qualquer espaço à Igreja e à fé.

O conflito entre a fé da Igreja e o liberalismo radical – e as ciências naturais que pretendiam envolver toda a realidade com seus conhecimentos, até o extremo, propondo insistentemente anular a "hipótese de Deus" – provocou, no século XIX, durante o pontificado de Pio IX, ásperas e radicais condenações do espírito da Era Moderna por parte da Igreja. Portanto, aparentemente, não havia qualquer espaço aberto para uma compreensão positiva e frutífera, e eram igualmente drásticas as rejeições por parte daqueles que se sentiam os representantes da Era Moderna.

Por outro lado, naquele momento, a Era Moderna também passava por seus próprios desdobramentos. Percebia-se que a Revolução Americana havia oferecido um modelo de Estado moderno diferente daquele teorizado pelas tendências radicais originadas na segunda fase da Revolução Francesa. As ciências naturais começavam, de forma cada vez mais clara, a refletir sobre as suas próprias limitações, impostas pelo próprio método, que, embora realizasse coisas grandiosas, era incapaz de compreender totalmente a realidade. Assim, ambos os lados começaram a se abrir um ao outro progressivamente.

No período entre as duas Guerras Mundiais, e ainda mais depois da Segunda Guerra, os estadistas católicos demonstraram poder existir um

Estado laico moderno, que não é neutro em valores, mas se sustenta ao beber das grandes fontes éticas abertas pelo cristianismo.

A doutrina social católica, desenvolvendo-se pouco a pouco, tornou-se um importante modelo entre o liberalismo radical e a teoria marxista do Estado. As ciências naturais, que professavam um método limitado do aspecto fenomenal da realidade, perceberam, cada vez com mais clareza, que esse método não abarcava a totalidade da realidade, e assim abriram novamente as portas para Deus, sabendo que a realidade é maior do que o método naturalista e aquilo que ele possa abranger.

Podemos dizer que se formaram três círculos de perguntas que, durante o Concílio Vaticano II, precisavam de uma resposta. Em primeiro lugar, era necessário definir de uma nova maneira a relação entre a fé e as ciências modernas; isso dizia respeito, aliás, não apenas às ciências naturais, mas também às ciências históricas – porque, em algumas escolas, o método histórico-crítico reclamava para si a última palavra na interpretação da Bíblia e, exigindo exclusividade total para sua compreensão das Sagradas Escrituras, contrapunha-se em pontos importantes à interpretação que a fé da Igreja havia elaborado. Em segundo lugar, a relação entre a Igreja e o Estado moderno precisava ser definida de uma nova forma, que abrisse espaço para cidadãos de várias religiões e ideologias, comportando-se de modo imparcial diante dessas religiões, e simplesmente assumindo a responsabilidade por uma convivência ordenada e tolerante entre os cidadãos e pela liberdade de exercer suas religiões.

Em terceiro lugar, o problema da tolerância religiosa estava estabelecido de modo mais geral – uma questão que exigia uma nova definição da relação entre a fé cristã e as diversas religiões do mundo. Em particular, diante dos recentes crimes do regime nacional-socialista e, em geral, com um olhar retrospectivo a uma longa e difícil história, era necessário avaliar e definir de uma nova maneira a relação entre a Igreja e a fé de Israel.

Reforma entre continuidade e descontinuidade

Todas essas questões são importantes e não podem ser abordadas de forma mais ampla neste contexto. Claramente, em todos esses setores, que no seu conjunto compõem um único problema, poderia emergir alguma forma de descontinuidade; e, em certo sentido, realmente se manifestou uma descontinuidade. Entretanto, feitas nessa descontinuidade as várias distinções entre as situações históricas e suas exigências, a continuidade nos princípios não foi abandonada – fato que facilmente escapa à primeira percepção.

É bem nesse conjunto de continuidades e descontinuidades em diferentes níveis que reside a natureza da verdadeira reforma. Nesse processo de novidade na continuidade, tivemos que aprender a compreender, de modo mais concreto do que antes, que as decisões da Igreja sobre coisas contingentes – por exemplo, certas formas concretas de liberalismo ou de interpretação liberal da Bíblia – deveriam necessariamente ser elas mesmas contingentes, justo por se referirem a determinada realidade que é em si mesma mutável.

Tivemos que aprender a reconhecer que, em tais decisões, apenas os princípios expressam o aspecto duradouro, permanecendo em segundo plano e motivando a decisão de dentro para fora. Por outro lado, as formas concretas que dependem da situação histórica e podem, portanto, ser sujeitas a mudanças tampouco são permanentes.

Assim, as decisões básicas podem permanecer válidas, enquanto as formas de sua aplicação a esses novos contextos podem mudar.

Por exemplo, se a liberdade religiosa é considerada como expressão da incapacidade do homem para encontrar a verdade e, consequentemente, torna-se uma canonização do relativismo, então é elevada (de forma inadequada), por uma necessidade social e histórica, a um nível metafísico e assim privada de seu verdadeiro significado. Como consequência, ela não pode ser aceita por quem crê que o homem é capaz de conhecer a verdade de Deus e, com base na dignidade interior da verdade, está vinculado a tal conhecimento.

Por outro lado, uma coisa completamente diferente é considerar a liberdade religiosa como uma necessidade que deriva da convivência humana, ou melhor, como uma consequência intrínseca da verdade que não pode ser imposta do exterior, deve ser feita pelo próprio homem somente mediante o processo do convencimento.

O Concílio Vaticano II, reconhecendo e fazendo um princípio essencial do Estado moderno com o Decreto sobre a liberdade religiosa, recuperou o patrimônio mais profundo da Igreja. Ela pode ter consciência de se encontrar em plena sintonia com o ensinamento do próprio Jesus (cf. Mateus 22:21), assim como com a Igreja dos mártires, com os mártires de todos os tempos.

A Igreja primitiva, com naturalidade, orava pelos imperadores e dirigentes políticos, considerando isso como seu dever (cf. 1 Timóteo 2:2); mas, enquanto orava pelos imperadores, recusava-se a adorá-los e, assim, rejeitava claramente a religião do Estado.

Os mártires da Igreja primitiva morreram pela sua fé naquele Deus que se revelou em Jesus Cristo, e exatamente por isso morreram também pela liberdade de consciência e pela liberdade de professar a própria fé – uma profissão que nenhum Estado pode impor, só pode ser realizada mediante a graça de Deus, em liberdade de consciência.

Uma Igreja missionária que, como se sabe, insiste em anunciar a sua mensagem a todos os povos deve comprometer-se com a liberdade de fé. Ela deseja transmitir o dom da verdade que existe para todos e, ao mesmo tempo, assegurar aos povos e aos seus governos que não quer destruir as suas identidades e as suas culturas, mas, sim, trazer-lhes uma resposta que eles têm aguardado no seu íntimo – uma resposta com a qual não se perde a multiplicidade das culturas, mas se fortalece a unidade entre os homens e, assim, a paz entre os povos.

Fé e razão: um diálogo fecundo ao longo da história

O Concílio Vaticano II, com a nova definição da relação entre a fé da Igreja e determinados elementos essenciais do pensamento moderno, reviu e até mesmo corrigiu algumas decisões históricas; no entanto, nessa aparente descontinuidade, manteve e aprofundou a sua íntima natureza e a sua verdadeira identidade.

Tanto antes como depois do Concílio, a Igreja é a mesma Igreja santa, católica e apostólica que peregrina através dos tempos; ela prossegue "a sua peregrinação entre as perseguições do mundo e as consolações de Deus",[4] anunciando a morte do Senhor até que Ele venha.

Aqueles que esperavam que, com esse "sim" fundamental à Era Moderna, todas as tensões se dissolveriam e que a "abertura ao mundo" assim alcançada transformaria tudo em pura harmonia subestima-

4. Paulo VI, Constituição Dogmática sobre a Igreja *Lumen Gentium,* 8.

ram as tensões internas e até mesmo as contradições da própria Era Moderna; subestimaram a perigosa fragilidade da natureza humana, que, em todos os períodos da história e em cada constelação histórica, é uma ameaça ao caminho do homem.

Esses perigos, com as novas possibilidades e o novo poder do homem sobre a matéria e sobre si mesmo, não desapareceram, mas adquiriram novas dimensões: um olhar sobre a história atual demonstra isso claramente.

Também no nosso tempo, a Igreja permanece como um "sinal de contradição" (Lucas 2:34). Não sem motivo, o papa João Paulo II, ainda como cardeal, tinha dado esse título aos seus Exercícios Espirituais, pregados em 1976 ao papa Paulo VI e à Cúria Romana.

Não poderia ter sido intenção do Concílio abolir essa contradição do Evangelho em relação aos perigos e aos erros do homem. Na verdade, era sem dúvida a sua intenção deixar de lado as contradições errôneas ou supérfluas para apresentar ao nosso mundo a necessidade do Evangelho em toda a sua grandeza e pureza.

O passo dado pelo Concílio em direção à Era Moderna, apresentado de maneira muito imprecisa como "abertura ao mundo", insere-se, em última análise, no perene problema da relação entre fé e razão, que sempre reaparece sob novas formas.

A situação que o Concílio teve de enfrentar é, sem dúvida, comparável a acontecimentos de épocas anteriores. São Pedro, em sua primeira epístola, exortava os cristãos a estarem sempre prontos a dar uma resposta (*apologia*) a quem lhes pedisse o *logos,* a razão de sua fé (cf. 1 Pedro 3:15).

Isso significava que a fé bíblica deveria entrar em discussão, relacionar-se com a cultura grega e aprender a reconhecer a linha de distinção mediante a interpretação, como também o contato e a afinidade entre elas na única razão dada por Deus.

Quando, no século XIII, por meio de filósofos judeus e árabes, o pensamento aristotélico entrou em contato com o cristianismo medieval formado na tradição platônica, e fé e razão correram o risco de entrar em uma contradição irreconciliável, foi sobretudo São Tomás de Aquino quem mediou o novo encontro entre a fé e a filosofia aristotélica, colocando assim a fé em uma relação positiva com a forma de razão dominante em seu tempo.

O difícil debate entre a razão moderna e a fé cristã, que, em um primeiro momento, com o julgamento de Galileu, começou de forma negativa, certamente passou por muitas fases, mas com o Concílio Vaticano II chegou o momento em que se fez necessária uma ampla reflexão.

O conteúdo dos textos conciliares foi traçado sem dúvida em linhas gerais; mas com isso se determinou a direção essencial, de modo que o diálogo entre razão e fé, hoje particularmente importante, encontrou orientação com base no Concílio Vaticano II. Agora esse diálogo precisa desenvolver-se com muita abertura mental, mas também com a clareza de discernimento de espírito que o mundo espera de nós neste exato momento.

Assim, hoje podemos, com gratidão, dirigir o nosso olhar ao Concílio Vaticano II: se o lermos e o compreendermos guiados por uma hermenêutica correta, ele pode ser e tornar-se cada vez mais uma grande força para a sempre necessária renovação da Igreja.

Capítulo 3

Somente com Deus se faz a verdadeira revolução

Colônia, Esplanada de Marienfeld, 20 de agosto de 2005

Discurso proferido durante a vigília com os jovens.

Os Magos, peregrinos da justiça

Na nossa peregrinação com os misteriosos Magos do Oriente, chegamos àquele momento em que São Mateus assim descreve no seu Evangelho: "Ao entrar na casa [sobre a qual tinha parado a estrela], viram o menino com Maria, sua mãe, e, prostrando-se, o homenagearam" (Mateus 2:11). A jornada exterior daqueles homens havia terminado. Eles haviam alcançado seu objetivo. Mas, nesse ponto, começa para eles uma nova jornada, uma peregrinação interior que mudaria toda a sua vida. Porque, certamente, eles tinham imaginado esse rei recém-nascido de maneira diferente. Haviam parado em Jerusalém para obter notícias do rei local sobre o Rei prometido que havia nascido. Sabiam que o mundo estava em desordem, portanto seus corações estavam inquietos.

Eles tinham certeza de que Deus existia, e que ele era um Deus justo e bondoso. E talvez também tivessem ouvido falar das grandes profecias, nas quais os profetas de Israel anunciavam um Rei que estaria em íntima harmonia com Deus, e que em Seu nome e por Seu encargo restabeleceria a ordem no mundo.

Partiram em busca desse Rei: no fundo de seus corações, buscavam a lei, a justiça que deveria vir de Deus, e queriam servir a esse Rei, prostrar-se a Seus pés e assim se colocarem a serviço para a renovação do mundo. Pertenciam àquele tipo de pessoas "que têm fome e sede de justiça" (Mateus 5:6). Essa fome e essa sede continuaram em sua peregrinação – tornaram-se peregrinos em busca da justiça que esperavam de Deus, para se colocarem a seu serviço.

Ainda que os outros homens, os que ficaram em casa, talvez os considerassem utópicos e sonhadores, eles eram pessoas de pés no chão e sabiam que para mudar o mundo é preciso ter poder. Por isso, não poderiam encontrar o menino da promessa em outro lugar, a não ser no palácio do Rei.

Mas, agora, eles se curvavam diante de um filho de gente pobre e logo descobrem que Herodes – o rei que haviam procurado – pretendia ameaçá-lo com seu poder, para que a família tivesse apenas como alternativa a fuga e o exílio.

O novo Rei, diante do qual eles se prostraram em adoração, era muito diferente de suas expectativas. Portanto, tiveram que aprender que Deus é diferente do modo como normalmente imaginamos.

Aqui começou sua jornada interior. Começou no exato momento em que se prostraram diante dessa criança e o reconheceram como o Rei prometido. Mas esses gestos jubilosos ainda teriam que alcançá-los interiormente.

O Deus de Jesus é diferente

Eles tiveram que mudar suas ideias sobre o poder, sobre Deus e o homem e, ao fazerem isso, também tiveram que mudar a si mesmos. E então aprenderam: o poder de Deus é diferente do poder dos governantes do mundo.

A maneira de agir de Deus é diferente de como a imaginamos, e de como gostaríamos de impor também a Ele. Neste mundo, Deus não entra em concorrência com as formas terrenas de poder. Ele não coloca Seus exércitos contra outros exércitos.

Deus não envia doze legiões de anjos para ajudar Jesus no Monte das Oliveiras (cf. Mateus 26:53). Ele contrasta o poder ruidoso e dominador deste mundo com o suave poder do amor, que sucumbe na Cruz – e sempre, ao longo da história –, e ainda assim constitui a boa-nova divina, que se opõe à injustiça e estabelece o Reino de Deus.

Deus é diferente – é o que agora reconhecem. E isso significa que agora eles mesmos devem se tornar diferentes, devem aprender o caminho de Deus.

Eles tinham vindo para servir a esse Rei, para modelar sua própria realeza a partir d'Ele. Eis o significado de seu gesto de homenagem, de sua adoração. Também trouxeram presentes – ouro, incenso e mirra – que eram tradicionalmente oferecidos a um Rei considerado divino. A adoração deve ter um conteúdo, e também exige de nós um dom.

Com o seu gesto de adoração, reconhecendo aquela criança como o seu Rei e colocando a serviço d'Ele as suas próprias forças e possibilidades, os Magos do Oriente certamente seguiram o caminho correto. Servindo e seguindo, desejavam servir com Ele à causa da justiça e do bem no mundo. E nisso estavam certos.

No entanto, eles percebem que esse projeto não pode ser realizado simplesmente por meio de ordens, expedidas do alto de um trono. Agora compreendem que devem doar a si mesmos – e que um presente menos valioso do que esse não é suficiente para o novo Rei.

Agora compreendem que suas vidas devem se conformar a esse modo divino de exercer o poder, a esse jeito de ser do próprio

Deus. Eles devem se tornar homens de justiça, verdade, bondade, perdão, misericórdia.

Não devem mais se perguntar: para onde vou? Em vez disso, eles terão que perguntar: como posso servir à presença de Deus no mundo? Terão que aprender a se perder, e é assim que se encontrarão. Saindo dos muros de Jerusalém, deverão permanecer nas pegadas do verdadeiro Rei, seguindo Jesus.

Pessoas que procuram a estrela de Deus

Queridos amigos, perguntemo-nos o que significa tudo isso para nós. Pois tudo o que acabamos de dizer sobre a natureza diversa de Deus, que deve orientar a nossa vida, parece bonito, mas permanece bastante superficial e vago. Por isso, Deus nos deu alguns exemplos.

Os Magos que vieram do Oriente são apenas os primeiros de uma longa procissão de homens e mulheres que em suas vidas procuraram constantemente com o olhar a estrela de Deus; que buscaram aquele Deus que está perto de nós, seres humanos, e nos indica o caminho.

É a grande multidão de santos, famosos ou desconhecidos, através dos quais o Senhor, ao longo da história, abriu diante de nós o Evangelho e folheou as suas páginas. E Ele continua a fazer isso ainda hoje.

Em suas vidas, como num grande livro ilustrado, revela-se a riqueza do Evangelho. Eles são o rastro luminoso de Deus, que Ele mesmo traçou e continua traçando ao longo da história.

Meu venerado predecessor, o papa João Paulo II, que está conosco neste momento, beatificou e canonizou uma grande multidão de épocas próximas e distantes. Com essas figuras, Ele quis nos mostrar como ser cristão, como viver a vida de uma maneira justa – viver segundo a vontade de Deus.

Os beatos e os santos eram pessoas que não buscavam obstinadamente a própria felicidade, simplesmente queriam se doar, porque foram alcançados pela luz de Cristo.

Assim, eles nos indicam o caminho para nos tornarmos felizes; eles nos mostram como é possível ser pessoas verdadeiramente humanas.

Nas adversidades da história, eles foram os verdadeiros reformadores que tantas vezes a ergueram dos vales escuros, nos quais ela sempre corre o risco de cair novamente; sempre a iluminaram de novo tanto quanto era necessário, para dar a possibilidade de acolher – talvez com sofrimento – as palavras pronunciadas por Deus no final da obra da criação: "Deus viu tudo o que tinha feito: e era muito bom" (Gênesis 1:31).

Basta pensar em figuras como São Bento, São Francisco de Assis, Santa Teresa de Ávila, Santo Inácio de Loyola, São Carlos Borromeu, nos fundadores das ordens religiosas do século XIX que animaram e orientaram o movimento social, ou nos santos do nosso tempo – Maximiliano Kolbe, Edith Stein, Madre Teresa, Padre Pio. Contemplando essas figuras, aprendemos o que significa "adorar" e o que significa viver segundo a medida do menino de Belém, segundo a medida de Jesus Cristo e do próprio Deus.

Os santos, os verdadeiros revolucionários

Os santos, como dissemos, são os verdadeiros reformadores. Agora gostaria de exprimi-lo de modo ainda mais radical: somente dos santos, somente de Deus vem a verdadeira revolução, a mudança decisiva do mundo.

No século que há pouco terminou, vivemos várias revoluções, cujo programa comum não era esperar mais pela intervenção de Deus, mas assumir totalmente nas próprias mãos o destino do mundo. E vimos que, com isso, sempre foi tomado um ponto de vista humano e parcial como medida absoluta de orientação.

A absolutização do que não é absoluto, mas relativo, chama-se totalitarismo. Não liberta o homem; na verdade, priva-o de sua dignidade e o escraviza.

Não são as ideologias que salvam o mundo, e sim apenas a conversão para o Deus vivo, que é o nosso Criador, a garantia da nossa liberdade, a garantia do que é deveras bom e verdadeiro. A verdadeira revolução consiste unicamente em voltar-se sem reservas para Deus, que é a medida do que é justo e, ao mesmo tempo, o amor eterno. E o que poderia nos salvar, senão o amor?

Queridos amigos! Permitam-me acrescentar apenas duas breves reflexões. São muitos os que falam de Deus; em nome de Deus também se prega o ódio e se pratica a violência. Por isso, é importante descobrir a verdadeira face de Deus. Os Magos do Oriente a encontraram quando se prostraram diante do menino de Belém.

"Quem me vê, vê o Pai", disse Jesus a Filipe (João 14:9). Em Jesus Cristo, que permitiu que o Seu coração fosse trespassado por nós, apareceu a verdadeira face de Deus. Nós seguiremos Jesus, juntamente com a grande multidão daqueles que vieram antes de nós. Então caminharemos pela via justa.

A Igreja mantém todos juntos, os bons e os maus

Isso significa que não construímos para nós um Deus particular, não construímos um Jesus particular, mas que cremos e nos prostramos diante daquele Jesus que nos é mostrado pelas Sagradas Escrituras e que, na grande procissão de fiéis chamada Igreja, revela-se vivo, sempre conosco e, ao mesmo tempo, sempre à nossa frente.

Pode-se criticar muito a Igreja. Sabemos, e o próprio Senhor nos disse: é uma rede com peixes bons e peixes maus, um campo com trigo e ervas daninhas.

O papa João Paulo II, que com os numerosos beatos e santos nos mostrou o verdadeiro rosto da Igreja, também pediu perdão por tudo o que, no decorrer da história, devido às ações e palavras de homens da Igreja, aconteceu de mau. Dessa forma, ele também mostrou a nós a nossa verdadeira imagem, e exortou-nos a entrar com todos os nossos defeitos e fraquezas na procissão dos santos, que começou com os Magos do Oriente.

Em última análise, o fato de haver ervas daninhas na Igreja é reconfortante. Assim, mesmo com todos os nossos defeitos, ainda podemos ter a esperança de nos encontrarmos seguindo Jesus, que chamou justamente os pecadores.

A Igreja é como uma família humana, mas é também ao mesmo tempo a grande família de Deus, através da qual Ele forma um espaço de comunhão e unidade em todos os continentes, culturas e nações. Por isso, sentimo-nos felizes por pertencer a esta grande família que vemos aqui; sentimo-nos felizes por ter irmãos e amigos por todo o mundo.

Aqui mesmo, em Colônia, experimentamos como é belo pertencer a uma família tão vasta quanto o mundo, que inclui o céu e a terra, o passado, o presente e o futuro, e todas as partes da Terra. Nesta grande comitiva de peregrinos, caminhamos com Cristo, caminhamos com a estrela que ilumina a história.

"Ao entrar na casa, viram o menino com Maria, sua mãe, e, prostrando-se, o homenagearam" (Mateus 2:11). Queridos amigos, essa não é uma história distante, que aconteceu há muito tempo. Ela é presença. Na hóstia sagrada, Ele está diante de nós e no meio de nós. Como naquele tempo, vela-se misteriosamente num santo silêncio; e, como naquele tempo, é exatamente assim que se revela o verdadeiro rosto de Deus.

Ele se tornou para nós um grão de trigo que cai na terra e morre, para dar muitos frutos até os confins da Terra (cf. João 12:24). Ele está presente, como estava naquela época em Belém. Ele nos convida a essa peregrinação interior, que se chama adoração. Coloquemo-nos agora a caminho dessa peregrinação, e roguemos a Ele que nos guie. Amém.

Capítulo 4

O *Shoah*: um alerta contra todo o ódio

Auschwitz-Birkenau, 28 de maio de 2006

Discurso durante a visita ao campo de concentração de Auschwitz, por ocasião da Viagem Apostólica à Polônia.

Em Auschwitz, como filho da Alemanha

Tomar a palavra neste lugar de horror, de acúmulo de crimes contra Deus e contra o homem que não têm comparação na história, é quase impossível – e é particularmente difícil e opressivo para um cristão, para um papa que vem da Alemanha.

Em um lugar como este faltam as palavras, e no final permanece apenas um silêncio aterrador – um silêncio que é um grito interior a Deus: Senhor, por que te silenciaste? Por que toleraste tudo isso?

É nessa atitude de silêncio que nos curvamos de modo profundo em nosso coração perante a multidão inumerável daqueles que aqui sofreram e foram condenados à morte. Esse silêncio, todavia, torna-se então um pedido em voz alta de perdão e reconciliação; um clamor ao Deus vivo para que nunca mais permita uma coisa semelhante a essa.

Há 27 anos, em 7 de junho de 1979, o papa João Paulo II esteve aqui; e então ele disse:

> Venho aqui hoje como peregrino. Sabe-se que muitas vezes me encontrei aqui... Quantas vezes! E muitas vezes fui à cela da morte de Maximiliano Kolbe e me detive diante do muro do extermínio e passei entre os destroços dos fornos crematórios de Birkenau. Não podia deixar de vir aqui como papa.[1]

O papa João Paulo II esteve aqui como filho daquele povo que, ao lado do povo judeu, foi o que mais sofreu neste lugar e, em geral, durante a guerra: "Foram seis milhões de poloneses que perderam a vida durante a Segunda Guerra Mundial: a quinta parte da nação",[2] recordou na época o papa.

Aqui ele elevou então a solene admoestação em respeito aos direitos do homem e das nações, que antes dele haviam elevado perante o mundo os seus predecessores João XXIII e Paulo VI, e acrescentou:

> Profere estas palavras o sucessor de João XXIII e de Paulo VI. Mas pronuncia-as simultaneamente o filho da nação que na sua história remota e mais recente sofreu dos outros um multíplice tormento. [...] e se as minhas palavras deixam um sabor amargo – meus queridos irmãos e irmãs, não foram ditas para acusar ninguém –, disse-as para lembrar. Falo não só pelos quatro milhões de vítimas que morreram neste campo imenso; falo em nome de todas as nações cujos direitos são violados e esquecidos.

---

1. João Paulo II. Viagem Apostólica do papa João Paulo II à Polônia, 2-10 de junho de 1979. *Homilia do Santo Padre durante a solene concelebração no campo de concentração de Auschwitz-Birkenau,* 7 de junho de 1979. (N. T.).
2. *Ibid.* (N. T.).

O papa João Paulo II esteve aqui como filho do povo polonês. Estou aqui hoje como um filho do povo alemão, e por isso mesmo devo e posso dizer como ele: não poderia deixar de vir aqui. Eu tinha que vir. Era e é um dever perante a verdade e o direito de quem sofreu, um dever perante Deus, estar aqui como sucessor de João Paulo II e como filho do povo alemão. Filho desse povo, sobre o qual um grupo de criminosos ascendeu ao poder com promessas falsas, em nome de perspectivas de grandeza, do resgate da honra e da importância da nação, com previsões de bem-estar e também com a força do terror e da intimidação, para que nosso povo fosse usado e abusado como um instrumento de seu desejo de destruição e dominação.

Sim, eu não poderia deixar de vir aqui. No dia 7 de junho de 1979, eu estava aqui como arcebispo de Munique-Freising, entre os numerosos bispos que acompanhavam o papa, que o ouviam e rezavam com ele. Em 1980, retornei a este lugar de horror com uma delegação de bispos alemães, chocados com o mal e gratos porque a estrela da reconciliação havia surgido acima dessa escuridão. Este é ainda o propósito pelo qual estou aqui hoje: implorar pela graça da reconciliação – de Deus, sobretudo, o único que pode abrir e purificar nossos corações; depois, pelos homens que aqui sofreram; e, finalmente, a graça da reconciliação para todos aqueles que, neste momento da nossa história, sofrem de uma maneira nova sob o poder da intolerância e sob a violência fomentada pelo ódio.

As perguntas diante do silêncio de Deus

Quantas perguntas surgem neste lugar! E sempre sobressai esta: onde estava Deus naqueles dias? Por que Ele ficou em silêncio? Como Ele pôde tolerar esse excesso de destruição, esse triunfo do mal? Vêm à nossa mente as palavras do Salmo 44, a lamentação de Israel que sofre:

> E tu nos esmagaste onde vivem os chacais,
> e nos cobriste com a sombra da morte. [...]
> É por tua causa que nos matam todo o dia.
> e nos tratam como ovelhas de corte.
> Desperta! Por que dormes, Senhor?
> Acorda! Não nos rejeites até o fim!
> Por que escondes tua face,
> esquecendo nossa opressão e miséria?
> Pois nossa garganta se afoga no pó,
> está grudado ao chão o nosso ventre.
> Levanta-te! Socorre-nos!
> Resgata-nos, por teu amor!
> (Salmos 44:20,23-27)

Esse grito de angústia, que Israel sofredor eleva a Deus em tempos de extrema tribulação, é ao mesmo tempo um grito de socorro de todos aqueles que, ao longo da história – ontem, hoje e amanhã –, sofrem por amor a Deus, por amor à verdade e ao bem de Deus; e há muitos, ainda hoje.

Não podemos perscrutar os segredos de Deus, deles vislumbramos apenas fragmentos, e estamos errados se pretendemos ser juízes de Deus e da história. Nesse caso, não estaríamos defendendo o homem, apenas contribuindo para sua destruição.

Não! Em última análise, devemos permanecer com o humilde, mas insistente, clamor a Deus: Desperta! Não te esqueças da Tua criatura, o homem!

E o nosso clamor a Deus deve ser, ao mesmo tempo, um clamor que penetre no nosso próprio coração, para que a presença escondida de Deus desperte em nós; para que o Seu poder, que Ele depositou em nosso coração, não seja coberto e sufocado em nós pela lama do egoísmo, do medo dos homens, da indiferença e do oportunismo.

Lancemos esse clamor diante de Deus e que possamos dirigi-lo ao nosso próprio coração. Precisamente nesta nossa hora presente, em que se aproximam novas desventuras, em que todas as forças obscuras parecem emergir novamente do coração dos homens: por um lado, o abuso do nome de Deus para justificar a violência cega contra pessoas inocentes; por outro, o cinismo que não conhece Deus e que zomba da fé n'Ele.

Clamamos a Deus para que impulsione os homens ao arrependimento, para que reconheçam que a violência não cria a paz, apenas incita mais violência – uma espiral de destruição na qual todos, no final das contas, serão somente perdedores.

O Deus no qual acreditamos é um Deus de razão, mas de uma razão que certamente não é uma matemática neutra do Universo, e sim uma coisa só com o amor e com o bem.

Rogamos a Deus e clamamos aos homens para que essa razão, a razão do amor e do reconhecimento da força da reconciliação e da paz, prevaleça sobre as ameaças circunstantes de irracionalidade ou de uma falsa razão, separada de Deus.

Os nazistas desejavam matar o Deus de Abraão

O lugar onde estamos é um lugar de memória; é o lugar do *Shoah* (Holocausto). O passado nunca é apenas o passado. Ele diz respeito a nós e nos mostra os caminhos que não devem ser percorridos – e os que devem ser.

Como João Paulo II, percorri o caminho ao longo das lápides que, em vários idiomas, recordam as vítimas deste lugar: são lápides em bielorrusso, tcheco, alemão, francês, grego, hebraico, croata, italiano, iídiche, húngaro, holandês, norueguês, polonês, russo, cigano romani, romeno, eslovaco, sérvio, ucraniano, judaico-hispânico, inglês.

Cada uma dessas lápides memoriais fala sobre a dor humana e nos permite intuir o cinismo doentio daquele poder que tratava os homens como objetos e não os reconhecia como pessoas, nas quais resplandece a imagem de Deus.

Algumas lápides convidam a uma memória em particular. Uma delas está em hebraico. Os governantes do Terceiro Reich queriam esmagar o povo judeu em sua totalidade, e excluí-lo do elenco dos povos da Terra. E então as palavras do Salmo 44 – "É por tua causa que nos matam todo o dia. e nos tratam como ovelhas de corte" – tornaram-se realidade, de forma terrível.

Com a aniquilação desse povo, no fundo, aqueles criminosos violentos pretendiam matar o Deus que chamou Abraão. Aquele que, falando no Monte Sinai, estabeleceu os critérios orientadores da humanidade, os quais permanecem válidos para sempre. Se esse povo, simplesmente com sua existência, constitui um testemunho daquele Deus que falou ao homem e se encarrega dele, então esse Deus deveria ser morto, e o domínio deveria pertencer apenas ao homem – a eles mesmos, que se consideravam os mais fortes, que tinham descoberto como dominar o mundo.

Com a destruição de Israel, com o *Shoah*, eles também desejavam, em última instância, arrancar a raiz na qual se baseia a fé cristã, substituindo-a definitivamente pela fé construída por eles mesmos: a fé no domínio do homem, do mais forte.

Em seguida, vemos uma lápide em polonês: numa primeira fase, sobretudo, pretendia-se eliminar a elite cultural, e assim eliminar o povo polonês enquanto sujeito histórico autônomo, para reduzi-lo, na medida em que continuasse a existir, a um povo de escravos.

Outra lápide, que nos convida particularmente à reflexão, é a escrita na língua dos ciganos *sinti* e *rom*. Também aqui, a intenção era fazer desaparecer um povo inteiro, que vive migrando entre outros povos. Os ciganos sempre figuraram entre os elementos inúteis da história universal, numa ideologia em que só devia contar o lucro mensurável; tudo o mais, de acordo com os conceitos nazistas, era classificado como *lebensunwertes Leben* – uma vida que não vale a pena ser vivida.

Depois, vemos uma lápide em russo que evoca o número imenso de vidas sacrificadas entre os soldados russos durante o confronto com o regime do terror nazista; ao mesmo tempo, porém, ela nos faz refletir sobre o trágico duplo sentido de sua missão: eles libertaram os povos de uma ditadura, mas também submeteram esses mesmos povos a uma nova ditadura: a de Stalin e da ideologia comunista.

Todas as outras lápides, escritas nas muitas línguas da Europa, também nos falam sobre o sofrimento dos homens de todo o continente; elas tocariam mais profundamente nossos corações se não nos lembrássemos das vítimas apenas globalmente, mas também víssemos de modo individual os rostos das pessoas que aqui perderam suas vidas, na escuridão do terror.

Senti que era um dever íntimo deter-me de maneira particular diante de uma lápide em língua alemã. Ali surge diante de nós o rosto de Edith Stein, ou Theresa Benedicta da Cruz: judia e alemã, que desapareceu, com sua irmã, no horror da noite do campo de concentração alemão-nazista. Como cristã e judia, ela aceitou morrer com seu povo e por ele. Os alemães que foram então trazidos para Auschwitz-Birkenau, e aqui morreram, eram chamados de *Abschaum der Nation* – a escória da nação. Agora, porém, nós os reconhecemos, com gratidão, como testemunhas da verdade e do bem, que entre o nosso povo ainda não se apagaram.

Agradecemos a essas pessoas, porque não se submeteram ao poder do mal e agora seguem adiante de nós como luzes na noite escura.

Com profundo respeito e gratidão, curvamo-nos diante de todos aqueles que, como os três jovens diante da ameaça da fornalha ardente na Babilônia, puderam responder:

> Se assim for, o nosso Deus, a quem servimos, tem o poder de nos livrar da fornalha acesa e nos livrará também, ó rei, da tua mão. Mas se ele não o fizer, fica sabendo, ó rei, que não serviremos o teu deus, nem adoraremos a estátua de ouro que levantaste. (Daniel 3:17,18).

Chamados para resistir ao mal

Sim, por detrás dessas lápides jaz o destino de incontáveis seres humanos. Elas despertam nossa memória, abalam nosso coração. Não querem provocar em nós o ódio: pelo contrário, mostram-nos como é terrível tudo o que o ódio pode fazer. Querem conduzir nossa razão a reconhecer o mal como mal, e a rejeitá-lo; querem despertar em nós a coragem do bem, da resistência contra o mal. Querem despertar em nós os sentimentos expressos nas palavras que Sófocles coloca nos lábios de Antígona, diante do horror que se aproxima: "Não nasci para o ódio, mas para o amor".[3]

Graças a Deus, com a purificação da memória, a qual nos conduz a este lugar de horror, crescem em torno dele numerosas iniciativas que desejam pôr um limite ao mal e fortalecer o bem. Há pouco, pude abençoar o *Zentrum für Dialoge und Gebet* (Centro para o Diálogo e a Oração). Nas imediações está o claustro das Irmãs Carmelitas, que são particularmente unidas ao mistério da cruz de Cristo e nos recordam a fé dos cristãos, a qual afirma que o próprio Deus desceu ao inferno dos sofrimentos e padeceu conosco.

Em Oświęcim, temos o Centro de São Maximiliano e o *Internationale Zentrum für die Erziehung über Auschwitz und den Holocaust* (Centro Internacional de Formação sobre Auschwitz e o Holocausto). Também temos o *Internationale Haus für Jugendbegegnungen* (Casa Internacional para os Encontros da Juventude). Numa das antigas Casas de Oração, existe um Centro Judaico. Por fim, também está sendo criada uma Academia de Direitos Humanos.

Assim, podemos esperar que deste lugar de horror nasça e cresça uma reflexão construtiva, e que essa lembrança nos ajude a resistir ao mal e a fazer triunfar o amor.

---

3. Sófocles (Σοφοκλῆς), *Antígona*. Tradução de Millôr Fernandes. Rio de Janeiro: Paz e Terra, 1996. p. 10. (N. T)

A humanidade atravessou o vale da sombra da morte em Auschwitz-Birkenau. Por isso eu desejo, precisamente neste lugar, concluir com uma oração de fé; com um Salmo de Israel que, ao mesmo tempo, é uma oração da Cristandade:

O Senhor é meu pastor, nada me falta.
Em verdes pastagens me faz repousar.
Para as águas tranquilas me conduz
e restaura minhas forças;
ele me guia por caminhos justos,
por causa do seu nome.
Ainda que eu caminhe por um vale tenebroso,
nenhum mal temerei, pois estás junto a mim;
teu bastão e teu cajado me deixam tranquilo. [...]
Sim, felicidade e amor me seguirão
todos os dias da minha vida;
minha morada é a casa de Iahweh
por dias sem fim.
(Salmo 23:1-4,6)

Capítulo 5

A razão examinada por um crítico interno

Aula Magna da Universidade de Ratisbona
(Regensburg), 12 de setembro de 2006

Discurso no Encontro com os Representantes das Ciências por ocasião da Viagem Apostólica a Munique, Altötting e Ratisbona.

A pergunta nunca abandonada sobre Deus

Experimento uma grande emoção neste momento, em que me encontro novamente na universidade para mais uma palestra. Ao mesmo tempo, meu pensamento retorna àqueles anos em que, depois de um bom período no Instituto Superior de Freising, iniciei minhas atividades como professor acadêmico na Universidade de Bona. Estávamos no ano de 1959, e vigorava ainda na universidade o antigo regime dos professores catedráticos.

Nas diversas cátedras, não existiam assistentes nem datilógrafos; mas em contrapartida havia um contato muito direto com os estudantes, e sobretudo entre os professores. Antes e depois das aulas, encontrávamo-nos nas salas dos professores. Os contatos com historiadores, filósofos, filólogos e, naturalmente, entre as duas faculdades teológicas eram muito estreitos.

Uma vez por semestre ocorria o chamado *dies academicus* (jornada acadêmica), em que professores de todas as faculdades se apresentavam diante dos alunos de toda a universidade, tornando assim possível uma experiência de *universitas* – algo que o senhor, Magnífico Reitor, também mencionou agora há pouco: uma prova viva de que, não obstante as múltiplas especializações, que por vezes nos tornam incapazes de comunicarmo-nos entre nós, formamos um todo e trabalhamos no todo da única razão, em suas várias dimensões, encontrando-nos assim unidos também na responsabilidade comum pelo reto uso da razão. Essa realidade se tornava uma experiência viva.

A universidade, sem dúvida, também se orgulhava de suas duas faculdades teológicas. Estava claro que, ao questionar a razoabilidade da fé, elas também realizavam um trabalho que necessariamente faz parte do "todo", que é a *universitas scientiarum* – mesmo que nem todos pudessem compartilhar a fé, cuja correlação com a razão comum os teólogos se esforçavam por mostrar.

Essa coesão interna no cosmos da razão nem sequer foi perturbada quando certa vez vazou a notícia de que um dos colegas havia dito que em nossa universidade havia uma estranheza: duas faculdades que se ocupavam com uma realidade que não existe – ou seja, com Deus. Ora, mesmo em presença de um ceticismo tão radical, permaneceu indiscutível a convicção de que, no conjunto da universidade, continuava a ser necessário e razoável interrogar-se sobre Deus por meio da razão, e que isso deve ser feito no contexto da tradição da fé cristã.

O tema é a relação entre fé e razão

Tudo isso me veio à mente quando li há pouco tempo parte de um diálogo (editada pelo professor Theodore Khoury, de Münster) que o erudito imperador bizantino Manuel II, o Paleólogo, talvez durante os acampamentos de inverno de 1391, perto de Ancara, teve com um persa erudito no cristianismo e no islã sobre a verdade de ambos.[1]

Presumivelmente, teria sido o próprio imperador que anotou esse diálogo durante o cerco de Constantinopla, entre 1394 e 1402; isso explica por que seus raciocínios são relatados com muito mais detalhes do que os de seu interlocutor persa.[2]

O diálogo se estende por todo o âmbito das estruturas de fé contidas na Bíblia e no Alcorão, detendo-se sobretudo na imagem de Deus e do homem; mas também – e repetidamente, como era de se esperar – sobre a relação entre as três "Leis" ou três "ordens de vida": o Antigo Testamento, o Novo Testamento e o Alcorão. Não pretendo tratar dis-

---

1. Do total de 26 colóquios (σιάλεξις, *dialética*, que Khoury traduz como "controvérsia") do diálogo (*Entretien*), Theodore Khoury publicou a sétima "controvérsia" com notas e uma ampla introdução sobre a origem do texto, a tradição manuscrita e a estrutura do diálogo, juntamente com breves resumos das "controvérsias" não publicadas. Uma tradução francesa foi adicionada ao texto grego: Manuel II Paléologue, *Entretiens avec un Musulman*: 7e *Controverse*, Sources Chrétiennes n.º 115 (Paris, 1966). Entretanto, Karl Förstel publicou, no *Corpus Islamico-Christianum* (Série Graeca, editado por A. Th. Khoury e R. Glei), uma edição greco-alemã comentada do texto: Manuel II Palaiologus, *Dialoge mit einem Muslim*, 3 vols. (Würzburg-Altenberge, 1993-1996). Ainda em 1966, E. Trapp publicou o texto grego com uma introdução como o vol. II dos *Wiener byzantinische Studien*. As citações a seguir são de acordo com Khoury. Uma edição em italiano foi publicada por Francesco Colafemmina: Manuel II Paleologo, *Dialoghi con un Persiano*, Rubbettino Editore, Soveria Mannelli, 2007.

2. Sobre a origem e edição do diálogo, ver. Khoury, pp. 22-29; também nas edições de Förstel e Trapp se encontram amplos comentários a esse respeito.

so nesta fala; gostaria de abordar apenas um tema – aliás, bastante superficial na estrutura de todo o diálogo – que muito me fascinou no contexto do tema "fé e razão" e me servirá como ponto de partida para as minhas reflexões sobre ele.

No sétimo diálogo (σιάλεξις – "controvérsia") editado pelo prof. Khoury, o imperador aborda o tema do *Jihad*, a Guerra Santa. Certamente, o imperador já conhecia o texto da *Surata* (2:256), onde lemos: "Não haverá imposição em matéria de fé".

Essa é provavelmente uma das *Suratas* do período inicial, segundo alguns especialistas, quando o próprio Maomé ainda não tinha plena autoridade e vivia sob ameaça. Mas, é claro, o imperador também estava familiarizado com as disposições, desenvolvidas posteriormente e fixadas no Alcorão, a respeito da Guerra Santa.

Sem nos determos em pormenores (como a diferença de tratamento entre os que têm o "Livro" e os "incrédulos"), o imperador, de modo surpreendentemente brusco – tão brusco a ponto de ser inaceitável para nós –, dirige-se ao seu interlocutor simplesmente com a pergunta central sobre a relação entre religião e violência em geral, dizendo: "Mostre-me o que Maomé trouxe como novidade, e então encontrarás apenas coisas más e desumanas, como a sua ordem de propagar a fé que pregava por meio da espada".[3]

---

3. Controvérsia VII 2c: Khoury, p. 142-143; Förstel, vol. I, VII. Diálogo 1.5, p. 240-241. Infelizmente, essa citação foi tomada, no mundo muçulmano, como uma expressão da minha posição pessoal, despertando assim uma indignação compreensível. Espero que o leitor do meu texto entenda de imediato que essa frase não expressa minha avaliação pessoal do Alcorão, pelo qual tenho um grande respeito como livro sagrado de uma grande religião. Ao citar o texto do imperador Manuel II, pretendi unicamente destacar a relação essencial entre fé e razão. Nesse ponto, concordo com Manuel II, sem, no entanto, fazer minha a sua polêmica.

O imperador, depois de se pronunciar de modo tão ríspido, passa a explicar minuciosamente os motivos pelos quais a propagação da fé mediante a violência não é racional:

> A violência é contrária à natureza de Deus e à natureza da alma. Deus não se compraz com o sangue; não agir segundo a razão – σὺν λόγω – é contrário à natureza de Deus. A fé é fruto da alma, não do corpo. Quem, portanto, deseja conduzir alguém à fé necessita da habilidade de falar bem e de raciocinar corretamente, e não de violência e ameaças [...] ou de qualquer outro meio pelo qual uma pessoa possa ser ameaçada de morte.[4]

Entre a racionalidade e a transcendência absoluta

A afirmação decisiva nesse argumento contra a conversão pela violência é a seguinte: não agir segundo a razão é contrário à natureza de Deus.[5] E o editor, Theodore Khoury, também comenta: para o imperador, como bizantino educado na filosofia grega, essa afirmação é evidente. Para a doutrina muçulmana, no entanto, Deus é absolutamente transcendente. Sua vontade não está vinculada a nenhuma de nossas categorias, nem mesmo à da razoabilidade.[6]

---

4. Controvérsia VII 3b-c: Khoury, p. 144-145; Förstel, vol. I, VII. Diálogo 1.6, p. 240-243.
5. Foi unicamente por essa afirmação que citei o diálogo entre Manuel II e o seu interlocutor persa. É nessa afirmação que surge o tema das minhas reflexões posteriores.
6. V. Khoury, *op. cit.*, p. 144, nota 1.

Nesse contexto, Khoury cita uma obra do conhecido islâmico francês R. Arnaldez, que observa que Ibn Hazm chega a declarar que Deus não está sujeito nem sequer à sua própria palavra, e que nada obrigaria Deus a nos revelar a verdade. Se fosse da Sua vontade, inclusive, o homem também deveria praticar a idolatria.[7]

Aqui gera-se um dilema na compreensão de Deus e, consequentemente, na realização concreta da religião, que nos desafia hoje de maneira muito direta: a convicção de que o agir contra a razão estaria em contradição com a natureza de Deus faz parte apenas do pensamento grego, ou é válida sempre e por si mesma? Penso que, nesse ponto, se manifesta a profunda concordância entre o pensamento grego no seu melhor sentido e o que é a fé em Deus com base na Bíblia.

Parafraseando o primeiro verso do Livro de Gênesis, o primeiro verso de toda a Sagrada Escritura, São João inicia o prólogo do seu Evangelho dizendo: "No princípio era o Verbo (λόγος – logos)". É exatamente a mesma palavra utilizada pelo imperador Manuel II: Deus age "σὺν λόγῳ", por meio do *logos*.

Logos significa tanto razão quanto palavra: uma razão que é criativa e capaz de se comunicar, de forma precisa, enquanto razão. Com esse termo, São João nos deu a palavra conclusiva sobre o conceito bíblico de Deus; uma palavra na qual todos os caminhos da fé bíblica, muitas vezes cansativos e tortuosos, alcançam a sua meta, encontram a sua síntese.

No princípio era o *logos*, e o *logos* é Deus, diz-nos o evangelista. Esse encontro entre a mensagem bíblica e o pensamento grego não foi uma mera coincidência. A visão de São Paulo, quando as estradas

7. R. Arnaldez, *Grammaire et théologie chez Ibn Hazm de Cordoue*, Paris, Vrin, 1956, p. 13; v. Khoury, p. 144. O fato de existirem posições semelhantes na teologia da Baixa Idade Média surgirá no desenvolvimento posterior do meu discurso.

para a Ásia se fecharam diante dele e, em sonho, ele viu um macedônio que suplicava "Passa à Macedônia e ajuda-nos!" (Atos 16:6-10), pode ser interpretada como uma "condensação" da necessidade intrínseca de uma reaproximação entre a fé bíblica e o pensamento grego.

O encontro entre o autêntico iluminismo e a religião

Na verdade, essa aproximação já vinha acontecendo havia muito tempo. Já na sarça ardente, o misterioso nome de Deus – que separa esse Deus de todas as divindades com múltiplos nomes, ao afirmar apenas "Eu sou" – apresenta-se, no que diz respeito ao mito, como uma contestação, em íntima analogia com a tentativa de Sócrates de vencer e superar o próprio mito.[8]

Ora, no âmbito do Antigo Testamento, o processo iniciado na sarça ardente alcança uma nova maturidade durante o exílio – quando o Deus de Israel, agora privado da terra e do culto, se anuncia como o Deus do céu e da terra, apresentando-se com uma simples fórmula que prolonga a frase da sarça: "Eu sou o que sou".

Em paralelo com esse novo conhecimento de Deus, desenvolve-se uma espécie de iluminismo que se expressa drasticamente no desprezo às divindades, como sendo apenas obra das mãos do homem (cf. Salmo 115).

8. Para a interpretação do episódio da sarça ardente, objeto de ampla discussão, ver o meu livro *Introduzione al Cristianesimo. Lezioni sul simbolo Apostolico* [Introdução ao Cristianismo: lições sobre o símbolo apostólico / *Einführung in das Christentum*], Editrice Queriniana, Brescia, 2021, pp. 107-127. Penso que as minhas afirmações feitas ali permanecem ainda válidas, não obstante os sucessivos desenvolvimentos desse debate.

Assim, durante a época helenista – não obstante o desacordo em toda a sua dureza com os soberanos helenistas, que queriam obter pela força a sua adequação ao estilo grego de vida e ao seu culto idolátrico –, a fé bíblica estava interiormente caminhando ao encontro da parte melhor do pensamento grego, até chegar a um contato recíproco que se verificou depois (especialmente na literatura sapiencial tardia).

Hoje sabemos que a tradução grega do Antigo Testamento, feita em Alexandria – a Septuaginta –, é mais do que uma simples (no sentido de ser avaliada de forma pouco positiva) tradução do texto hebraico: de fato, trata-se de um testemunho textual único no seu gênero, e um passo específico e importante da história da Revelação, em que esse encontro se realizou de tal forma que teve um significado decisivo para o nascimento do cristianismo e para a sua difusão.[9]

No fundo, trata-se do encontro entre fé e razão, entre o autêntico iluminismo e a religião. Partindo verdadeiramente da natureza íntima da fé cristã e, ao mesmo tempo, da natureza do pensamento grego, agora fundido com a fé, Manuel II poderia ter dito: não agir "com o *logos*" é ser contrário à natureza de Deus.

9. A. Schenker, *"L'Écriture sainte subsiste en plusieurs formes canoniques simultanées"* [As Sagradas Escrituras existem em várias formas canônicas simultâneas]. *In: L'interpretazione della Bibbia nella Chiesa. Atti del Simposio promosso dalla Congregazione per la Dottrina della Fede* [A interpretação da Bíblia na Igreja. Atas do Simpósio promovido pela Congregação para a Doutrina da Fé], Libreria Editrice Vaticana, Cidade do Vaticano, 2001, pp. 178-186.

Entre desdobramentos e discrepâncias

Honestamente, devemos ressaltar neste ponto que, na teologia da Baixa Idade Média, desenvolveram-se tendências que rompem essa síntese entre o espírito grego e a fé cristã.

Em contraste com o chamado intelectualismo agostiniano e tomista, iniciou-se com Duns Escoto uma abordagem voluntarista que, ao final de sucessivos desdobramentos, culminou na afirmação de que nós só conheceríamos de Deus a *voluntas ordinata.* Para além desta, existiria a liberdade de Deus, por meio da qual Ele poderia ter criado e também ter feito o contrário de tudo o que realmente fez.

Aqui surgem algumas posições que, sem dúvida, podem se aproximar das ideias de Ibn Hazm e poderiam culminar na imagem de um Deus-arbitrário, que nem sequer representa a verdade e o bem.

A transcendência e a diversidade de Deus são enfatizadas de maneira tão exagerada que até mesmo nossa razão, nosso senso do verdadeiro e do bem deixam de ser um verdadeiro espelho de Deus, cujas possibilidades abissais permaneceriam eternamente inatingíveis e ocultas para nós, por trás de suas decisões arbitrárias.

Em contraste com isso, a fé da Igreja sempre se agarrou à convicção de que entre Deus e nós, entre seu eterno Espírito criador e nossa razão criada, existe uma verdadeira analogia, na qual – como afirma o IV Concílio de Latrão, em 1215 – decerto as diferenças são infinitamente maiores que as semelhanças, mas não a ponto de abolir a analogia e a sua linguagem.

Deus não se torna mais divino pelo fato de afastarmo-nos Dele, em um voluntarismo puro e impenetrável; o Deus verdadeiramente divino é aquele Deus que se mostrou como *logos*, e como *logos* agiu e age cheio de amor em nosso favor.

Certamente, o amor, como afirma São Paulo, "ultrapassa" o conhecimento, portanto é capaz de perceber mais do que o simples pensamento (cf. Efésios 3:19); mas permanece o amor do Deus-*Logos*, motivo pelo qual o culto cristão é, como Paulo diz novamente: "λογική λατρεία" – um culto racional, que concorda com o Verbo eterno e com a nossa razão (cf. Romanos 12:1).[10]

Cristianismo, razão, Europa

A recíproca aproximação interior aqui mencionada, entre a fé bíblica e o questionamento no plano filosófico do pensamento grego, é um elemento de importância decisiva; do ponto de vista não somente da história das religiões, mas também da história universal – um fato que ainda hoje diz respeito a nós.

Considerando tal encontro, não nos surpreende que o cristianismo, apesar de sua origem e de vários desdobramentos importantes no Oriente, tenha finalmente encontrado sua feição histórica decisiva na Europa.

E o mesmo também pode ser expresso inversamente: o referido encontro, ao qual se acrescenta mais tarde a herança de Roma, criou a Europa – e continua a ser o fundamento daquilo que, com razão, se pode chamar de Europa.

A tese de que a herança grega criticamente purificada é parte integrante da fé cristã opõe-se à exigência de uma *deselenização* do

10. Abordei esse assunto de forma mais detalhada no livro *Introduzione allo spirito della liturgia* [Introdução ao Espírito da Liturgia / *Der Geist der Liturgie. Eine Einführung]*, Edizioni San Paolo, Cinisello Balsamo, 2001, pp. 51-58.

cristianismo: exigência essa que tem dominado cada vez mais a pesquisa teológica, desde o início da Era Moderna. Olhando mais de perto, podemos observar três ondas nesse programa de deselenização; embora inter-relacionadas, são claramente distintas entre si, em suas motivações e seus objetivos.[11]

A deselenização surge pela primeira vez em conexão com os postulados da Reforma do século XVI. Ao considerarem a tradição das escolas teológicas, os Reformadores viram-se diante de uma sistematização da fé totalmente condicionada pela filosofia, ou seja, uma fé determinada de fora para dentro, em virtude de um modo de pensar que não derivava dela mesma. Assim, a fé já não se apresentava como uma palavra histórica viva, mas como um elemento inserido na estrutura de um sistema filosófico.

A *Sola Scriptura,* por outro lado, busca a pura forma primordial da fé, tal como ela se apresenta originalmente na Palavra bíblica. Surge a metafísica como um pressuposto derivado de outra fonte, da qual é preciso libertar a fé para fazê-la voltar a ser totalmente ela mesma.

Quando Kant afirmou que teve de deixar de lado o pensamento para dar lugar à fé, ele agiu com base nesse programa, com um radicalismo imprevisível para os Reformadores. Logo, ancorou a fé exclusivamente na razão prática, negando-lhe o acesso a toda a realidade.

A teologia liberal dos séculos XIX e XX trouxe uma segunda onda ao programa de deselenização: seu maior representante é Adolf von Harnack. Durante o tempo dos meus estudos, assim como nos primei-

---

11. Dentre a vasta literatura sobre a temática da deselenização, gostaria de destacar A. Grillmeier, *"Hellenisierung-Judaisierung des Christentums als Deuteprinzipien der Geschichte des kirchlichen Dogmas"* [A helenização e a judaização do cristianismo como princípios de interpretação na história do dogma eclesiástico]. *In: Mit ihm und in ihm. Christologische Forschungen und Perspektiven* [Com Ele e n'Ele. Pesquisa e perspectivas cristológicas], Freiburg, 1975, pp. 423-488.

ros anos de minha atividade acadêmica, esse programa também exercia uma forte influência sobre a teologia católica.

Como ponto de partida, utilizava-se a distinção de Pascal: entre o Deus dos filósofos e o Deus de Abraão, Isaque e Jacó.

Em um discurso que proferi em Bonn, em 1959, procurei abordar esse assunto,[12] e não pretendo aqui o retomar por inteiro. No entanto, gostaria de destacar, pelo menos de forma breve, a novidade que caracterizou essa segunda onda em relação à primeira. Como ideia central, em Harnack, temos o retorno ao Jesus apenas homem e sua mensagem simples, que viria antes de todas as teologizações e, justamente, antes mesmo das helenizações. Tal mensagem simples constituiria o verdadeiro ápice do desenvolvimento religioso da humanidade. Jesus teria abolido o culto em favor da moral. Em última análise, Ele é representado como o pai de uma mensagem moral humanitária.

O propósito de Harnack é no fundo reconciliar o cristianismo com a razão moderna, libertando-o de elementos aparentemente filosóficos e teológicos, como a fé na divindade de Cristo e na trindade de Deus. Nesse sentido, a exegese histórico-crítica do Novo Testamento, na visão de Harnack, restabelece a teologia no cosmos da universidade: para ele, a teologia é algo, na essência, histórico e, portanto, estritamente científico. O que ela investiga sobre Jesus por meio da crítica, por assim dizer, é uma expressão da razão prática, portanto também é sustentável na universidade como um todo.

---

12. Reeditado e comentado por Heino Sonnemanns e Massimo Epis: Joseph Ratzinger – Bento XVI, *Il Dio della fede e il Dio dei filosofi. Un contributo al problema della theologia naturalis* [O Deus da Fé e o Deus dos Filósofos. Uma contribuição para o problema da *theologia naturalis / Der Gott des Glaubens und der Gott der Philosophen. Ein Beitrag zum Problem der theologia naturalis]*. Palestra em Bonn, Alemanha. Marcianum Press, Veneza, 2013.

Como plano de fundo, temos a autolimitação moderna da razão, classicamente expressa nas "críticas" de Kant, no entanto radicalizada pelo pensamento das ciências naturais. Em poucas palavras, esse conceito moderno da razão baseia-se em uma síntese entre o platonismo (cartesianismo) e o empirismo, confirmado pelo sucesso técnico.

Por um lado, pressupõe-se a estrutura matemática da matéria – a sua racionalidade intrínseca, que permite compreendê-la e utilizá-la na sua eficácia operacional. Esse pressuposto básico, por assim dizer, é o elemento platônico no conceito moderno de natureza.

Por outro lado, trata-se da utilização funcional da natureza para nossos propósitos, em que apenas a possibilidade de atestar a verdade ou a falsidade por meio da experiência fornece a certeza decisiva.

Dependendo das circunstâncias, o peso entre os dois polos pode oscilar para um lado ou para o outro. Um pensador estritamente positivista, como J. Monod, poderia se declarar como um platonista convicto.

Isso implica duas orientações fundamentais e decisivas para a nossa questão. Apenas a certeza decorrente da sinergia entre matemática e empírica nos permite falar de cientificidade. Tudo o que pretenda ser ciência deve atender a esse critério. E assim, as ciências que dizem respeito às coisas humanas, como história, psicologia, sociologia e filosofia, também tentaram se aproximar desse cânone da cientificidade.

Entretanto, para as nossas reflexões, ainda é importante o fato de que o método como tal exclui o problema de Deus, apresentando-o como um problema não científico ou pré-científico. Com isso, no entanto, deparamo-nos com uma redução do alcance da ciência e da razão, algo que devemos questionar.

O risco do reducionismo arbitrário

Voltarei a esse tópico mais adiante. Por enquanto, basta termos em mente que, numa tentativa de preservar o caráter da teologia como disciplina "científica", à luz dessa perspectiva, o cristianismo permaneceria apenas como um mísero fragmento. E, mais grave ainda: se a ciência como um todo for apenas isso, então o próprio homem também sofrerá uma redução. Pois, nesse caso, as questões propriamente humanas, isto é, "de onde venho" e "para onde vou", as questões da religião e do *ethos,* não podem encontrar lugar no espaço da razão comum, como descrita pela "ciência" assim entendida, devendo ser deslocadas para o âmbito do subjetivo.

O sujeito decide, com base em suas experiências, o que lhe parece religiosamente sustentável, e a "consciência" subjetiva acaba por se tornar, em última análise, a única instância ética. Dessa forma, no entanto, *ethos* e religião perdem seu poder de criar uma comunidade e caem no âmbito do arbítrio pessoal. Trata-se de uma condição perigosa para a humanidade: percebemos isso nas patologias que ameaçam a religião e a razão – patologias que devem, de modo indispensável, eclodir quando a razão é limitada a tal ponto que as questões da religião e do *ethos* deixam de lhe dizer respeito. O que resta das tentativas de construir uma ética a partir das regras da evolução, ou da psicologia e da sociologia, é simplesmente insuficiente.

Antes de chegar às conclusões de todo esse raciocínio, devo mencionar de forma breve a terceira onda de deselenização, que se alastra atualmente. Em consideração ao encontro com a multiplicidade das culturas, tornou-se popular a ideia de que a síntese com o helenismo, realizada pela Igreja primitiva, teria sido uma primeira inculturação, que não deveria se vincular a outras culturas. Essas deveriam ter o direito de retornar ao ponto anterior àquela inculturação para descobrir a mensagem pura e simples do Novo Testamento, e depois inculturá-la mais uma vez em seus respectivos ambientes. Essa tese não está totalmente errada; no entanto, é superficial e imprecisa.

De fato, o Novo Testamento foi escrito em grego e carrega em si o contato com o pensamento grego – um contato já desenvolvido antes, no decorrer do Antigo Testamento. Sem dúvida, existem elementos no processo formativo da Igreja primitiva que não têm de ser integrados em todas as culturas. No entanto, as decisões de fundo que, precisamente, dizem respeito à relação da fé com a busca da razão humana fazem parte da própria fé e constituem seus desdobramentos, conforme a sua natureza.

Amplie o conceito de razão

Dito isso, chego à conclusão. Esta tentativa de criticar a razão moderna a partir de dentro, feita apenas em linhas gerais, não inclui de forma alguma a opinião de que devemos voltar atrás, para antes do Iluminismo, rejeitando as convicções da Era Moderna.

O que há de válido no desenvolvimento moderno do espírito deve ser reconhecido sem reservas: todos somos gratos pelas grandiosas possibilidades que isso abriu ao homem, e pelos progressos que nos foram proporcionados no campo humano.

Aliás, o *ethos* da cientificidade – como sinalizado em suas palavras, Magnífico Reitor – é a vontade de obediência à verdade e, portanto, a expressão de uma atitude que faz parte das decisões essenciais do espírito cristão. Logo, a intenção não é retirar nada, nem tecer uma crítica negativa; pelo contrário, trata-se de uma ampliação do nosso conceito de razão e de seu uso. Porque, juntamente com toda a alegria diante das possibilidades do homem, vemos também as ameaças que resultam dessas mesmas possibilidades, e devemos nos perguntar como podemos dominá-las. Somente teremos sucesso se a razão e a fé voltarem a andar unidas, de uma maneira nova; se superarmos a limitação autodecretada da razão ao que é verificável pela experiência, e abrirmos mais uma vez a ela toda a sua amplitude. Nesse sentido, a teologia – não apenas como disciplina histórica e científico-humana, mas como a teologia verdadeira e propriamente dita, ou seja, como questionadora da razão da fé – deve ter o seu lugar na universidade e no amplo diálogo entre as ciências.

Apenas assim nos tornaremos também capazes de um verdadeiro diálogo de culturas e religiões – um diálogo de que necessitamos com urgência. No mundo ocidental, prevalece a opinião de que apenas a razão positivista e as formas de filosofia dela derivadas são universais. Porém, precisamente nessa exclusão do divino da universalidade da razão, diversas culturas bastantes religiosas do mundo veem um ataque às suas convicções mais íntimas.

Uma razão que é surda ao divino e impele a religião para o âmbito das subculturas é incapaz de inserir-se no diálogo das culturas. No entanto, a razão moderna própria das ciências naturais, com seu intrínseco aspecto platônico, traz em si, como procurei demonstrar, uma questão que a transcende juntamente com as suas possibilidades metódicas. Ela própria precisa apenas aceitar a estrutura racional da matéria, bem como a correspondência entre o nosso espírito e as estruturas racionais que operam na natureza, como um dado factual, sobre o qual deve embasar seu caminho metódico.

Mas a questão sobre o *porquê* da existência desse dado existe e deve ser confiada pelas ciências naturais a outros níveis e modos de pensar – isto é, à filosofia e à teologia. Para a filosofia e, de modo diverso, para a teologia, a escuta das grandes experiências e convicções das tradições religiosas da humanidade, sobretudo da fé cristã, constitui uma fonte de conhecimento; recusá-la significaria um retrocesso inaceitável em nossa capacidade de ouvir e responder.

Isso traz à minha mente algumas palavras de Sócrates a Fédon. Em conversas anteriores, muitas opiniões filosóficas erradas haviam sido abordadas, e então Sócrates diz:

> Seria bastante compreensível se alguém, por irritação com tantas coisas erradas, pelo resto de sua vida odiasse e difamasse toda a discussão sobre o ser. Mas assim se privaria de conhecer a verdade do ser, e sofreria um grande dano.[13,14]

Ora, o Ocidente, por muito tempo, foi ameaçado por essa aversão às questões fundamentais de sua razão, portanto o único resultado só poderia ser um grande dano. A coragem de se abrir à amplitude da razão, e não a rejeição de sua grandeza – eis o programa pelo qual a teologia, comprometida com a reflexão sobre a fé bíblica, deve figurar nos debates do tempo presente.

13. Platão (Πλάτων), *Fédon, a imortalidade da alma,* 90 c-d. (N. T.).

14. Sobre este texto, ver. também R. Guardini, *La morte di Socrate,* Morcelliana, Brescia, 1998, pp. 255-257.

"Não agir segundo a razão, não agir com *logos*, é ser contrário à natureza de Deus" – disse Manuel II, partindo da sua imagem cristã de Deus, ao seu interlocutor persa. É a esse grande *logos*, a essa vastidão da razão, que convidamos os nossos interlocutores no diálogo das culturas. Redescobri-lo em nossas reflexões, sem cessar, é a grande tarefa da universidade.

Capítulo 6

Encontrar Deus é encontrar um fato racional

Paris, 12 de setembro de 2008

Discurso no Encontro com o Mundo da Cultura no *Collège des Bernardins*, durante a Viagem Apostólica à França por ocasião do 150º aniversário das aparições de Lourdes.

Os monges medievais em busca de Deus

Nesta tarde, gostaria de vos falar sobre as origens da teologia ocidental e as raízes da cultura europeia. Logo no início, lembro que o lugar onde estamos é de certa forma emblemático. De fato, está ligado à cultura monástica, pois aqui viveram jovens monges, empenhados em compreender profundamente a sua vocação e em viver melhor a própria missão. Trata-se de uma experiência que ainda hoje nos interessa, ou apenas nos encontramos em um mundo que já não existe mais?

Para responder a isso, precisamos refletir por um momento sobre a natureza da própria vida monástica ocidental. Do que se tratava naquela época? De acordo com a história do monasticismo, podemos dizer que, na grande convulsão cultural produzida pela migração dos povos e pelos novos reinos que se formavam, os mosteiros eram os locais onde sobreviviam os tesouros da velha cultura; e, a partir deles, uma nova cultura foi se formando gradualmente. Mas como isso aconteceu? Qual era a motivação das pessoas que se reuniam nesses lugares? Que intenções tinham? Como viviam?

Em primeiro lugar, deve-se dizer, de forma muito realista, que não era intenção deles criar uma cultura, ou mesmo preservar uma cultura do passado. A sua motivação era muito mais básica. O seu objetivo era *quaerere Deum*, buscar Deus. Na confusão daqueles tempos, em que nada parecia durar, eles queriam fazer o essencial: comprometer-se a encontrar algo que é sempre válido e duradouro, a encontrar a própria Vida.

Viviam em busca de Deus. Queriam passar das coisas secundárias às essenciais, à única coisa de fato importante e confiável. Diz-se que eles eram orientados de forma "escatológica". Mas isso deve ser entendido não em sentido cronológico, como se olhassem para o fim do mundo ou para a própria morte, mas em sentido existencial: por trás das coisas provisórias, eles buscavam as definitivas.

Quaerere Deum: por serem cristãos, não se tratava de uma expedição em um deserto sem trilhas, uma busca na escuridão absoluta. O próprio Deus tinha marcado os sinais pelo caminho; na verdade, Ele havia aberto um caminho, e a tarefa consistia em encontrá-lo e segui-lo. Esse caminho era a sua Palavra, que, nos livros das Sagradas Escrituras, se abria diante dos homens.

A busca de Deus requer, logo, por necessidade intrínseca, uma cultura da palavra; ou, como diz Jean Leclercq: no monasticismo ocidental, escatologia e gramática estão intimamente ligadas entre si.[1]

O desejo de Deus, *le désir de Dieu*, inclui *l'amour des letres:* o amor pela palavra, o penetrar em todas as suas dimensões. Visto que, na palavra bíblica, Deus se dirige a nós e nós a Ele, devemos aprender a

---

1. J. Leclercq, *Cultura umastica e desiderio di Dio* [Cultura humana e desejo de Deus], Sansoni Editore, Florença, 1965, pp. 7-8.

penetrar no segredo da linguagem, a compreendê-la em sua estrutura e na sua forma de se exprimir. Assim, justamente devido a essa busca de Deus, as ciências profanas que nos indicam os caminhos da linguagem tornam-se importantes.

Uma vez que a busca de Deus exigia o cultivo da palavra, faz parte do mosteiro a biblioteca, que indica os caminhos para a palavra. Pelo mesmo motivo, também faz parte dele a escola, na qual os caminhos se abrem concretamente.

São Bento chama o mosteiro de *Dominici servitii schola* (escola dominical). O mosteiro serve à *eruditio*, à formação e erudição do homem – uma educação com o objetivo último de que o homem aprenda a servir a Deus. O que também supõe precisamente a formação da razão, a erudição, pela qual o homem aprende a perceber, por entre as palavras, a Palavra.

A palavra gera a comunidade

Para ter a visão plena da cultura da palavra, que faz parte da essência da busca de Deus, devemos dar mais um passo. A Palavra que abre o caminho da busca de Deus, sendo ela mesma esse caminho, é uma Palavra que diz respeito à comunidade. De fato, ela penetra no coração de cada indivíduo (v. Atos 2:37).

Gregório Magno descreve isso como uma dor repentina que atravessa nossa alma sonolenta e nos desperta, tornando-nos atentos a Deus, a realidade essencial,[2] mas também nos torna atentos uns aos outros.

2. *Ibid.*, p. 36.

A Palavra não nos conduz apenas por um caminho individual de imersão mística; introduz-nos na comunhão com todos os que caminham na fé. Para isso, é necessário não só refletir sobre a Palavra, mas também lê-la corretamente. Assim como na escola rabínica, também entre os monges a própria leitura realizada pelo indivíduo é ao mesmo tempo um ato corporal:

> Mas quando *legere* e *lectio* são usados sem um atributo específico, geralmente designam uma atividade que, como cantar e escrever, envolve todo o corpo e todo o espírito.[3]

Mas ainda é preciso dar outro passo. A Palavra de Deus nos introduz em um diálogo com Deus. E o Deus que fala na Bíblia nos ensina como podemos falar com Ele.

Especialmente no Livro dos Salmos, Ele nos dá as palavras com as quais podemos nos dirigir a Ele, e como levar a nossa vida, com seus altos e baixos, para uma conversa diante d'Ele, transformando assim a própria vida em um movimento em direção a Ele. Muitas vezes, os Salmos também contêm instruções sobre como devem ser cantados e acompanhados por instrumentos musicais. Para orar com base na Palavra de Deus, não basta apenas pronunciar; também é preciso haver música. Dois cantos da liturgia cristã derivam de textos bíblicos que os colocam nos lábios dos Anjos: o *Glória,* cantado pelos Anjos no nascimento de Jesus, e o *Sanctus,* que segundo Isaías 6 é a aclamação dos Serafins diante de Deus.

---

3. *Ibid.*, p. 17.

Nessa perspectiva, a liturgia cristã é um convite a cantar com os Anjos, e assim levar a palavra ao seu destino mais elevado. Nesse contexto, ouçamos mais uma vez Jean Leclercq:

> Os monges deviam encontrar melodias que traduzissem em sons a adesão do homem redimido aos mistérios que ele celebra. Os poucos capitéis de Cluny, que se conservaram até os nossos dias, mostram assim os símbolos cristológicos de cada um dos tons.[4]

Bento, Agostinho, Bernardo

Para São Bento, vale como regra determinante para a oração e o canto dos monges esta palavra do Salmo: *Coram angelis psallam Tibi, Domine*: "na presença dos anjos, a Ti cantarei louvores" (Salmo 138:1). Aqui se expressa a consciência de cantar na oração comunitária na presença de toda a corte celeste, portanto de estarmos sujeitos ao critério supremo: orar e cantar de modo a poder se unir à música dos espíritos sublimes, que são considerados os autores da harmonia do Cosmos, da música das esferas celestes.

A partir disso, é possível compreender a gravidade de uma meditação de São Bernardo de Claraval, que usa uma palavra da tradição platônica transmitida por Santo Agostinho para julgar o canto mal-executado dos monges – o que para ele, obviamente, não foi de forma alguma um pequeno acidente. Ele qualifica a confusão de uma música mal-executada como uma queda na "zona de dessemelhança" – *regio dissimilitudinis*.

4. *Ibid.*, p. 321.

Santo Agostinho havia tomado essa expressão da filosofia platônica para caracterizar seu estado interior antes da conversão (*Confissões*, VII, 10.16): o homem, criado à semelhança de Deus, como resultado de seu abandono de Deus cai na "zona de dessemelhança" – um afastamento de Deus, em que Ele não é mais refletido, e assim se torna dessemelhante não apenas de Deus, mas também de si mesmo, do verdadeiro ser do homem. É certamente drástico quando Bernardo utiliza essa expressão para descrever os cantos dos monges, pois ela indica a queda do homem para longe de si mesmo. Mas também demonstra como ele levava isso a sério. Mostra que a cultura do canto é também uma cultura do ser, e que os monges, com a sua oração e o seu canto, devem corresponder à grandeza da Palavra que lhes foi confiada, à sua necessidade de verdadeira beleza.

Dessa necessidade intrínseca de falar com Deus e de cantar para Ele, com as palavras dadas por Ele mesmo, nasceu a grande música ocidental. Não se tratava de uma "criatividade" privada, em que o indivíduo erige um monumento a si próprio, tendo essencialmente como critério a representação do seu próprio ego. Pelo contrário: tratava-se de reconhecer com cuidado, com os "ouvidos do coração", as leis intrínsecas da própria música da criação, as formas essenciais da música introduzidas pelo Criador em seu mundo e no homem, e assim encontrar uma música digna de Deus – que ao mesmo tempo seja também verdadeiramente digna do homem e faça ressoar de maneira pura a sua dignidade.

Deus fala conosco através de palavras humanas

Para compreender de alguma forma a cultura da palavra, que no monasticismo ocidental se desenvolveu a partir da busca de Deus, a partir de dentro, é necessário fazer ao menos uma breve menção à particularidade do Livro (ou dos Livros) nos quais essa Palavra veio ao encontro dos monges.

A Bíblia, vista sob um aspecto puramente histórico ou literário, não é simplesmente um livro, mas uma coleção de textos literários, cuja redação se estende por mais de um milênio e cujos livros individuais não são reconhecíveis com facilidade como pertencentes a uma unidade interna. Em vez disso, há tensões palpáveis entre eles. Isso já se verifica na Bíblia de Israel, que nós, cristãos, chamamos de Antigo Testamento. Aplica-se também a quando nós, como cristãos, relacionamos o Novo Testamento e seus escritos, quase como uma chave hermenêutica, com a Bíblia de Israel, interpretando-a assim como o caminho até Cristo.

No Novo Testamento, com razão, a Bíblia em geral não é qualificada como "a Escritura", mas como "as Escrituras", que, no entanto, tomadas em conjunto, são consideradas como a única Palavra de Deus dirigida a nós. Esse plural, contudo, torna evidente que aqui a Palavra de Deus nos alcança somente através das palavras humanas, ou seja, que Deus nos fala através dos homens, por via de suas palavras e de sua história.

O que, por sua vez, significa que o aspecto divino da Palavra e das palavras simplesmente não é óbvio. Dito em expressões modernas: a unidade dos livros bíblicos e o caráter divino de suas palavras, de um ponto de vista apenas histórico, não podem ser alcançáveis. O elemento histórico é a multiplicidade e a humanidade. Daqui se compreende a formulação de um dístico medieval que, à primeira vista, parece desconcertante: "*Littera gesta docet – quid credas allegoria...*".[5] A letra mostra os fatos; o que você deve crer é dito pela alegoria, isto é, a interpretação cristológica e pneumática.

Podemos expressar tudo isso de maneira ainda mais simples: a Escritura precisa de interpretação e da comunidade na qual foi formada e vivida. Nesta tem sua unidade, e nela se revela o significado que mantém o todo unido. Dito de outra forma: existem dimensões do sentido da Palavra e das palavras que só se revelam na comunhão vivida dessa Palavra, que cria a história.

Mediante a percepção crescente das várias dimensões do significado, a Palavra não é desvalorizada; na verdade, aparece em toda a sua grandeza e dignidade. Por isso, o Catecismo da Igreja Católica pode dizer justamente que o cristianismo não é apenas uma religião do livro no sentido clássico (cf. n. 108). O cristianismo percebe nas palavras o Verbo, o próprio *Logos*, que estende o seu mistério através dessa multiplicidade e realidade de uma história humana. Essa estrutura particular da Bíblia é um desafio sempre novo para cada geração. Por sua natureza, ela exclui tudo o que hoje se chama de fundamentalismo.

A própria Palavra de Deus, de fato, nunca se apresenta na simples literalidade do texto. Alcançá-la requer uma transcendência e um processo de compreensão, que se deixa guiar pelo movimento interior do todo e, portanto, deve tornar-se também um processo de vida. Sempre, e apenas na unidade dinâmica do todo, é que os muitos livros formam

5. Augustinus de Dacia, *Rotulus pugillaris*, I.

um Livro, e a Palavra de Deus e o agir de Deus no mundo se revelam na fala e na história humana.

Espírito, letra e liberdade

Esse tema aparece ilustrado em toda a sua dramaticidade nos escritos de São Paulo. A transcendência da letra e sua compreensão unicamente a partir do todo estão expressas por ele de um modo drástico na frase: "a letra mata, mas o Espírito comunica a vida" (2 Coríntios 3:6). E ainda: "onde se acha o Espírito [...] aí está a liberdade" (2 Coríntios 3:17).

A grandeza e a amplitude dessa visão da Palavra bíblica, porém, só podem ser compreendidas se ouvirmos Paulo de forma atenta; e então percebemos que esse Espírito libertador tem um nome, e que a liberdade tem uma medida interior: "Pois o Senhor é o Espírito, e onde se acha o Espírito do Senhor está a liberdade" (2 Coríntios 3:17). O Espírito libertador não é simplesmente uma ideia própria, a visão pessoal de quem interpreta. O Espírito é Cristo, e Cristo é o Senhor que nos indica o caminho. Com a palavra sobre o Espírito e sobre a liberdade abre-se um vasto horizonte, mas ao mesmo tempo se impõe um claro limite ao arbítrio e à subjetividade – um limite que obriga inequivocamente tanto o indivíduo como a comunidade, e cria um vínculo superior ao da letra: o vínculo do intelecto e do amor.

Essa tensão entre vínculo e liberdade, que vai muito além do problema literário da interpretação da Escritura, determinou também o pensamento e a obra do monasticismo e moldou profundamente a cultura ocidental. Também se coloca mais uma vez à nossa geração como um desafio, diante dos polos do arbítrio subjetivo, por um lado, e do fanatismo fundamentalista, do outro.

Seria fatal se a cultura europeia de hoje pudesse entender a liberdade apenas como a ausência total de vínculos, favorecendo inevitavelmente o fanatismo e a arbitrariedade. A ausência de vínculos e o arbítrio não são a liberdade, mas a sua destruição.

Não somente ora, como também labora

Ao considerarmos a "escola dominical" – como Bento chamava o monasticismo –, até o momento focamos nossa atenção apenas em sua orientação para a palavra, para o "ora". E, de fato, é a partir disso que se determina a direção de toda a vida monástica. Mas a nossa reflexão ficaria incompleta se não fixássemos também o nosso olhar, pelo menos de modo breve, no segundo componente do monasticismo, aquele descrito como "labora".

No mundo grego, o trabalho físico era considerado uma ocupação dos servos. O homem sábio, verdadeiramente livre, dedicava-se apenas às coisas espirituais; e o trabalho físico, como algo inferior, era relegado aos homens considerados incapazes dessa existência superior, no mundo espiritual.

A tradição judaica era absolutamente distinta: todos os grandes rabinos também exerciam ao mesmo tempo uma profissão artesanal. Esse era o caso de Paulo, que, primeiro como rabino e depois como anunciador do Evangelho aos gentios, também era tecelão de tendas e se sustentava com o trabalho das próprias mãos. Isso não constitui uma exceção, e, sim, faz parte de uma tradição comum do rabinismo.

O monasticismo acatou essa tradição; o trabalho manual é parte constitutiva da vida monástica cristã.

São Bento, em sua *Regra,* não aborda especificamente a escola, mesmo que ensinar e aprender – como vimos – fossem atividades praticamente implícitas. No entanto, ele fala explicitamente sobre o trabalho em um capítulo da sua *Regra* (cf. cap. 48). O mesmo faz Santo Agostinho, que dedicou um livro inteiro ao trabalho dos monges.

Os cristãos, que assim continuaram durante muito tempo a tradição praticada pelo judaísmo, devem sentir-se também provocados pela palavra de Jesus no Evangelho de João, com a qual Ele defendia o próprio trabalho no sábado: "Meu Pai trabalha até agora e eu também trabalho" (João 5:17).

O mundo greco-romano não conhecia um Deus Criador; na sua concepção, a divindade suprema não poderia, por assim dizer, "sujar as próprias mãos" com a criação da matéria. A "construção" do mundo estava reservada ao demiurgo, uma divindade subordinada. O Deus cristão é bem diferente: Ele, o Uno, o verdadeiro e único Deus, é também o Criador.

Deus trabalha; Ele continua a trabalhar na história e sobre a história dos homens. Em Cristo, ele entra como Pessoa na cansativa obra da história. "Meu Pai trabalha continuamente, e eu trabalho também". O próprio Deus é o Criador do mundo, e a criação ainda não está terminada.

Deus trabalha *(ergázetai).* Assim, o trabalho do homem deveria aparecer como uma expressão particular de sua semelhança com Deus, e, dessa forma, o homem tem essa habilidade e pode participar do agir de Deus na criação do mundo.

O monasticismo inclui, com a cultura da palavra, uma cultura do trabalho, sem a qual o desenvolvimento da Europa, seu *ethos* e a própria concepção do mundo seriam impensáveis. No entanto, esse *ethos* deveria incluir a vontade de fazer com que o trabalho do homem e a determinação da história por parte do homem sejam uma colaboração com o Criador, tomando a medida d'Ele. Onde faltar essa medida, e onde quer que o homem se eleve a si mesmo como um criador deificado, a transformação do mundo pode facilmente culminar em sua destruição.

Filosofia é buscar as últimas coisas

Partimos da constatação de que, no colapso das velhas ordens e certezas, a atitude básica dos monges era o *quaerere Deum* – viver em busca de Deus. Poderíamos dizer que esta é a atitude verdadeiramente filosófica: olhar para além das penúltimas coisas e ir à procura das últimas, verdadeiras.

Quem se tornava monge sabia que iniciava um longo e íngreme caminho, mas já havia encontrado a direção: a Palavra da Bíblia, na qual ouvia a voz do próprio Deus. Agora deveria tentar entendê-Lo, para poder chegar até Ele. Assim, a jornada dos monges, embora permaneça imensurável em extensão, ocorre praticamente no âmbito da Palavra acolhida.

A busca dos monges, sob certos aspectos, já traz em si mesma uma descoberta. Pois, para que essa busca se torne possível, já existe um primeiro movimento que não somente desperta a vontade de procurar, mas também torna crível que o caminho está escondido nessa Palavra, ou melhor: que nessa Palavra o próprio Deus vem ao encontro dos homens, portanto, por meio dela, os homens podem alcançar Deus.

Em outras palavras: deve haver um anúncio que se dirija ao homem, criando nele uma convicção que pode se transformar em vida. Para que um coração se abra ao caminho da Palavra bíblica como Palavra de Deus, essa mesma Palavra deve primeiro ser proclamada para o exterior.

A expressão clássica dessa necessidade da fé cristã de fazer-se comunicável aos outros é uma frase da Primeira Epístola de Pedro, que na teologia medieval era considerada a razão bíblica do trabalho dos teólogos: "estando sempre prontos a dar razão [*logos*] da vossa esperança a todo aquele que vo-la pede; fazei-o, porém, com mansidão e respeito" (1 Pedro 3:15-16). O *logos*, a razão da esperança, deve tornar-se uma *apologia;* a Palavra deve tornar-se uma resposta.

De fato, os cristãos da Igreja primitiva não consideravam o seu anúncio missionário como uma propaganda para aumentar o seu próprio grupo, mas, sim, como uma necessidade intrínseca derivada da natureza da sua fé: o Deus em quem acreditavam era o Deus de todos, o único e verdadeiro Deus, que se manifestara na história de Israel e, finalmente, em seu Filho, trazendo assim uma resposta que diz respeito a todos e que, em seu íntimo, todos os homens aguardam.

Para eles, a universalidade de Deus e a universalidade da razão aberta a Ele constituíam a motivação e, ao mesmo tempo, o dever de anunciar. Para eles, a fé pertencia não a um hábito cultural, que difere de um povo para outro, mas ao âmbito da verdade – que diz respeito igualmente a todos.

O homem sabe que Deus deve existir

O esquema fundamental do anúncio cristão "para o exterior" – para os homens que, com o coração cheio de perguntas, andam à procura – encontra-se no discurso de São Paulo no Areópago. Recordemos, nesse contexto, que o Areópago não era uma espécie de academia, onde se reuniam as mentes mais ilustres para discutir a respeito de coisas sublimes; era um tribunal que tinha jurisdição em matéria de religião e deveria se opor à importação de religiões estrangeiras.

É exatamente esta a acusação contra Paulo: "Alguns diziam: 'Que quer dizer este palrador?' E outros: 'Parece um pregador de divindades estrangeiras'" (Atos 17:18).

Ao que Paulo responde: "Pois, percorrendo a vossa cidade e observando os vossos monumentos sagrados, encontrei até um altar com a inscrição: 'Ao Deus desconhecido'. Ora bem, o que adorais sem conhecer, isto venho eu anunciar-vos" (Atos 17:23).

Paulo não anuncia deuses desconhecidos. Ele proclama aquele Deus que os homens ignoram, mas já conhecem: o Desconhecido-Conhecido, Aquele que procuram e no fundo já conhecem e que, no entanto, é o Desconhecido e o Incognoscível. O mais profundo do pensamento e do sentimento humano, de alguma forma, sabe que Ele deve existir; que na origem de todas as coisas não deve haver irracionalidade, mas uma Razão criadora; não o acaso cego, mas a liberdade.

No entanto, apesar de todos os homens o saberem de alguma maneira – como Paulo sublinha na Epístola aos Romanos (1:21) –, esse conhecimento permanece irreal: um Deus apenas pensado e inventado não é um Deus. Se Ele não se dá a conhecer, não é possível alcançá-Lo de forma alguma.

A novidade do anúncio cristão é a possibilidade de dizer agora a todos os povos: Ele se manifestou! Ele mesmo, em pessoa! E agora o caminho para chegar até Ele está aberto!

Essa Boa-Nova consiste não em um pensamento, mas em um fato: Ele se manifestou. Não é um fato cego, mas um fato que é, em si mesmo, o *Logos* – a presença da Razão eterna em nossa carne.

"*Verbum caro factum est* – E o Verbo se fez carne"(João 1:14): exatamente assim, no fato agora está presente o *Logos;* o *Logos* está presente entre nós. O fato é racional. Certamente, continua a ser necessária a humildade da razão para poder acolhê-lo; é preciso ter a humildade do homem, que corresponde à humildade de Deus.

Nossa situação atual, em muitos aspectos, é diferente daquela que Paulo encontrou em Atenas; mas, apesar da diferença, em muitos aspectos, é bastante análoga. Nossas cidades já não estão mais repletas de altares e imagens de múltiplas divindades. Para muitos, Deus se tornou de fato o grande Desconhecido.

No entanto, assim como por trás das numerosas imagens dos deuses estava oculta e presente a pergunta sobre o Deus Desconhecido, a atual ausência de Deus também é de modo silencioso assombrada pelos questionamentos sobre Ele.

Quaerere Deum – buscar Deus e deixar-se encontrar por Ele: isso não é menos necessário hoje do que no passado.

Uma cultura puramente positivista, que relegasse os questionamentos sobre Deus ao plano subjetivo como anticientífica, seria a capitulação da razão, a renúncia às suas possibilidades mais elevadas. Portanto, seria o colapso do humanismo, cujas consequências não deixariam de ser graves.

A busca de Deus e a disponibilidade para ouvi-Lo, que fundamentaram a cultura da Europa, ainda hoje continuam a ser o fundamento de toda verdadeira cultura.

Capítulo 7

O sacerdote deve dar testemunho da preocupação de Deus

Praça de São Pedro, 11 de junho de 2010

Solenidade do Sagrado Coração de Jesus. Homilia da Santa Missa por ocasião do encerramento do Ano Sacerdotal.

O sacerdócio, dom de Deus e resposta do homem

O Ano Sacerdotal, que celebramos 150 anos após a morte do Santo Cura d'Ars, modelo do ministério sacerdotal em nosso mundo, está terminando. Deixamo-nos guiar pelo Cura d'Ars para voltarmos a compreender mais uma vez a grandeza e a beleza do ministério sacerdotal.

O sacerdote não é simplesmente o titular de um ofício, como aqueles de que toda sociedade necessita para que nela se realizem determinadas funções. Em vez disso, o sacerdote faz algo que nenhum ser humano pode fazer sozinho: ele pronuncia a palavra de absolvição dos nossos pecados em nome de Cristo e assim muda, a partir de Deus, a situação da nossa vida. Ele pronuncia por via das ofertas do pão e do vinho as palavras de ação de graças de Cristo, que são palavras de transubstanciação – palavras que tornam Ele mesmo presente, o Ressuscitado, o Seu corpo e o Seu sangue, e assim transformam os elementos do mundo: palavras que abrem o mundo a Deus e o unem a Ele.

Portanto, o sacerdócio não é simplesmente um "ofício", mas um sacramento: Deus usa um simples homem para, através dele, estar presente para os homens e agir em seu favor. Essa audácia de Deus, que confia a Si mesmo aos seres humanos; que, apesar de conhecer as nossas fraquezas, nos considera capazes de agir e estar presentes em Seu nome – essa audácia de Deus é a coisa verdadeiramente grande que se esconde por trás da palavra "sacerdócio".

Deus nos considerar capazes disso; Ele chamar desse modo os homens ao Seu serviço, e assim se vincular interiormente a eles: eis o que, neste ano, quisemos novamente considerar e compreender. Quisemos despertar a alegria por termos Deus tão próximo de nós e a gratidão por Ele confiar nas nossas fraquezas; por Ele nos guiar e nos sustentar, dia após dia.

Assim, também quisemos mostrar mais uma vez aos jovens que ainda existe essa vocação, essa comunhão de serviço a Deus e com Deus – aliás, que Deus está à espera do nosso "sim". Com a Igreja, queremos novamente destacar que é preciso pedir a Deus essa vocação. Pedimos trabalhadores para a seara de Deus, mas esse pedido a Deus é, ao mesmo tempo, o próprio Deus que bate à porta do coração dos jovens que se consideram capazes, assim como Deus os considera capazes.

Era de se esperar que esse novo resplendor do sacerdócio não fosse visto com bons olhos pelo "inimigo"; ele preferia que desaparecesse, para que, no final, Deus fosse expulso deste mundo. E assim aconteceu. Precisamente neste ano de alegria pelo sacramento do sacerdócio, vieram à tona os pecados dos sacerdotes – sobretudo o abuso contra os pequeninos, no qual o sacerdócio, enquanto tarefa da solicitude de Deus em benefício do homem, se transforma em seu oposto. Também nós pedimos perdão sem cessar a Deus e às pessoas envolvidas, enquanto pretendemos e prometemos fazer todo o possível para que tais abusos não voltem a acontecer. Prometemos que, na admissão ao ministério sacerdotal e na formação ao longo do caminho de preparação, faremos tudo o que estiver ao alcance para avaliar a autenticidade da vocação; e que queremos acompanhar ainda mais os sacerdotes em seu caminho, para que o Senhor os proteja e guarde nas situações dolorosas e nos perigos da vida.

Se o Ano Sacerdotal fosse apenas uma glorificação de nosso desempenho humano pessoal, ele teria sido arruinado por essas adversidades. Mas, para nós, foi exatamente o contrário: sentimo-nos agradecidos pelo dom de Deus, um dom que se esconde em "vasos de barro" e que, sem parar, através de toda a fraqueza humana, concretiza o Seu amor neste mundo. Assim, consideramos tudo o que aconteceu como um processo de purificação, um serviço que nos acompanha rumo ao futuro e nos faz reconhecer e amar ainda mais o grande dom de Deus. Desse modo, o dom torna-se o compromisso de responder à coragem e à humildade de Deus com a nossa própria coragem e humildade.

A palavra de Cristo, que cantamos como hino de entrada na liturgia, pode nos dizer nesta hora o que significa tornar-se e ser sacerdotes: "Tomai sobre vós o meu jugo e aprendei de mim, porque sou manso e humilde de coração" (Mateus 11:29).

Deus cuida de mim

Celebramos a festa do Sagrado Coração de Jesus e, com a liturgia, por assim dizer, lançamos um olhar para dentro do Coração de Jesus, que foi trespassado na morte pela lança do soldado romano. Sim, o coração d'Ele está aberto por nós e diante de nós – e, desse modo, está aberto para nós o coração do próprio Deus. A liturgia nos dá a interpretação da linguagem do coração de Jesus, que fala sobretudo de Deus como pastor dos homens, logo manifesta a nós o sacerdócio de Jesus, arraigado no mais profundo do Seu coração. Assim, Ele nos indica o fundamento perene, assim como o critério válido de todo ministério sacerdotal, que deve estar sempre ancorado no coração de Jesus e ser vivido a partir dele.

Hoje eu gostaria de meditar sobretudo sobre os textos com os quais a Igreja responde em oração à Palavra de Deus apresentada nas leituras. Nesses cânticos, palavra e resposta se complementam. Por um lado, elas próprias são extraídas da Palavra de Deus; mas, por outro, já são ao mesmo tempo a resposta do homem a essa Palavra, uma resposta com a qual a própria Palavra se comunica e entra em nossa vida.

O mais importante desses textos na liturgia de hoje é o Salmo 23 (22), "O Senhor é o meu pastor", no qual Israel acolheu em oração a autorrevelação de Deus como pastor, e fez dela uma orientação para a sua vida.

"O Senhor é o meu pastor, nada me falta": nesse versículo, o primeiro, exprimem-se a alegria e a gratidão pelo fato de Deus estar presente e cuidar de nós. A leitura do Livro de Ezequiel apresenta o mesmo tema: "Certamente eu mesmo cuidarei do meu rebanho e o procurarei" (Ezequiel 34:11).

Deus cuida pessoalmente de mim, de nós, da humanidade. Não estou sozinho, perdido no Universo e numa sociedade que nos deixa cada vez mais desorientados. Ele cuida de mim. Ele não é um Deus distante, para quem minha vida significaria muito pouco. As diversas religiões da Terra, até onde podemos ver, no fundo sempre souberam que existe apenas um Deus. Mas esse Deus era distante. Aparentemente, Ele tinha abandonado o mundo a outras potestades e forças, a outras divindades. Era preciso entrar em um acordo com elas. O único Deus era bom, mas ainda distante. Não representava perigo, mas também não oferecia nenhuma ajuda. Portanto, não havia necessidade de preocupar-se com Ele. Não era Ele quem governava.

Por mais estranho que pareça, esse pensamento ressurgiu no Iluminismo. Ainda se compreendia que o mundo pressupõe um Criador. Mas esse Deus teria construído o mundo e depois, evidentemente, se afastado dele. Agora o mundo tinha seu próprio conjunto de leis, segundo as quais se desenvolvia e nas quais Deus não intervinha, nem podia intervir. Deus era apenas uma origem remota. Muitos talvez não desejassem nem sequer que Deus cuidasse deles. Não queriam ser incomodados por Deus. Mas, sempre que a preocupação e o amor de Deus são percebidos como um incômodo, o ser humano acaba sendo subvertido. É bom e reconfortante saber que existe alguém que me ama e cuida de mim; mas é muito mais decisivo saber que existe um Deus que me conhece, me ama e se importa comigo.

"Eu conheço as minhas ovelhas, e por elas sou conhecido" (João 10:14), diz a Igreja, antes do Evangelho, tomando uma palavra do Senhor. Deus me conhece e se importa comigo. Esse pensamento deveria nos deixar de fato felizes. Deixemos que ele penetre profundamente em nossos corações. Apenas então compreenderemos o que isso significa: Deus quer que nós, como sacerdotes, em um pequenino ponto da história, compartilhemos de Suas preocupações pelos homens.

Como sacerdotes, queremos ser aqueles que, em comunhão com a Sua solicitude pelos homens, cuidam da humanidade e fazem com que ela experimente de forma concreta essa solicitude de Deus.

E o sacerdote, no âmbito que lhe foi confiado, deveria poder dizer com o Senhor: "Eu conheço as minhas ovelhas, e por elas sou conhecido". "Conhecer", no sentido da Sagrada Escritura, nunca é apenas um conhecimento externo, como saber o número de telefone de uma pessoa. "Conhecer" significa estar interiormente próximo do outro. Significa amá-lo. Devemos procurar "conhecer" os homens através do amor de Deus e por amor a Deus; devemos caminhar lado a lado com eles pelo caminho da amizade com Deus.

Com Ele não tateamos na escuridão

Voltemos ao Salmo, onde lemos:

> ele me guia por caminhos justos,
> por causa do seu nome.
> Ainda que eu caminhe por um vale tenebroso,
> nenhum mal temerei, pois estás junto a mim;
> teu bastão e teu cajado me deixam tranquilo. [...]
> (Salmo 23 [22]:3s)

O pastor deve indicar o caminho certo àqueles que lhe são confiados. Ele vai à sua frente para guiá-los. Em outras palavras: o Senhor nos mostra como ser humanos da maneira correta. Ele nos ensina a arte de sermos pessoas.

O que devo fazer para não cair, para não desperdiçar minha vida com coisas sem sentido? Essa é exatamente a pergunta que todo homem deve fazer a si mesmo, e que permanece válida em todos os momentos da vida.

E como é grande a escuridão em torno dessa questão, ainda no nosso tempo! Vez após vezes, lembramo-nos das palavras de Jesus, que se encheu de compaixão pelos homens, porque eles eram como ovelhas sem pastor. Senhor, tende também piedade de nós! Mostra-nos o caminho! A partir do Evangelho sabemos disto: Ele mesmo é o caminho. Viver com Cristo e segui-Lo é encontrar o caminho certo para que a nossa vida ganhe sentido – e para que um dia possamos dizer: "Sim, foi bom viver!". O povo de Israel sempre foi e ainda é grato a Deus, porque Ele indicou o caminho da vida por meio dos Mandamentos. O longo Salmo 119 (118) é uma expressão única de alegria por este fato: não estamos tateando na escuridão.

Deus nos mostrou qual é o caminho, como podemos caminhar da maneira correta. O que é dito nos Mandamentos foi sintetizado na vida de Jesus e tornou-se um modelo vivo. Assim compreendemos que essas orientações de Deus não são algemas que nos prendem, mas o caminho que Ele nos indica. Podemos nos alegrar por elas, e nos sentir felizes porque estão diante de nós na pessoa de Cristo, como uma realidade vivida. Ele mesmo nos tornou felizes.

Ao caminharmos com Cristo, experimentamos a alegria da Revelação e, como sacerdotes, devemos comunicar às pessoas a alegria de ter encontrado o caminho certo da vida.

Prosseguindo, lemos a palavra referente ao "vale tenebroso", através do qual o homem é guiado pelo Senhor. O caminho de cada um de nós um dia nos levará ao vale da sombra da morte, onde ninguém poderá nos acompanhar. Mas Ele estará lá. O próprio Cristo desceu ao vale escuro da morte. Mesmo ali, Ele não nos abandona. Mesmo ali, Ele nos guiará. "Se subo aos céus, tu lá estás; se me deito no Xeol, aí te encontro" (Salmo 139 [138]:8).

Sim, Ele também está presente mesmo na última dor, e assim diz o nosso Salmo responsorial: mesmo ali, no vale da sombra da morte, não temerei mal algum. Porém, ao falarmos do vale da sombra, podemos pensar também nos vales sombrios da tentação, do desânimo, da provação, pelos quais cada ser humano deve passar. Mesmo nesses vales sombrios da vida, Ele está presente.

Sim, Senhor! Nas trevas da tentação, nas horas de escuridão em que todas as luzes parecem se apagar, mostra-me que estás ali comigo. Ajuda a nós, sacerdotes, para que nessas noites escuras possamos estar ao lado das pessoas que nos foram confiadas, para que possamos mostrar-lhes a Tua luz.

"Teu bastão e teu cajado me deixam tranquilo": o pastor precisa usar o seu bastão (ou vara) contra as feras selvagens que assolam o rebanho; contra os salteadores em busca de seu saque. Ao lado da vara está o cajado, que serve como apoio e ajuda o pastor a atravessar passagens difíceis. Ambos os instrumentos também pertencem ao ministério da Igreja, o ministério do sacerdote. Também a Igreja deve usar a vara do pastor, com a qual protege a fé dos falsificadores, das orientações que, na realidade, são desorientações. Por isso mesmo, o uso da vara pode ser um serviço de amor.

Hoje vemos que não se trata de amor quando se toleram comportamentos indignos da vida sacerdotal. E também não se trata de amor quando se permite que a heresia, a deturpação e a desconstrução da fé proliferem, como se nós mesmos tivéssemos inventado a fé. Como se ela já não fosse um dom de Deus, a pérola preciosa que não deixamos que ninguém nos roube.

Ao mesmo tempo, porém, a vara deve sempre tornar-se o cajado do pastor – um cajado que ajude os homens a serem capazes de caminhar por caminhos difíceis e seguir o Senhor.

O sacerdote deve ser uma fonte de vida

A parte final do Salmo 23 fala da mesa preparada, do óleo com que se unge a cabeça, do cálice transbordante, de poder habitar junto do Senhor. Isso exprime, sobretudo, a dimensão da alegria de estar com Deus no templo, de ser acolhido e servido por Ele, de poder habitar com Ele.

Para nós, que rezamos esse Salmo com Cristo e com o Seu corpo, que é a Igreja, essa perspectiva de esperança adquire uma amplitude e uma profundidade ainda maiores. Nessas palavras, por assim dizer, vemos uma antecipação profética do mistério da Eucaristia, em que o próprio Deus nos convida e oferece a Si mesmo como alimento – aquele pão e vinho deliciosos, que são os únicos alimentos capazes de saciar de forma definitiva a fome e a sede íntima do homem.

Como não ficarmos felizes por sermos convidados todos os dias para participar da própria mesa de Deus, para habitar com Ele? Como não nos alegrarmos por Ele nos ter ordenado: "Fazei isto em memória de mim"? Somos felizes porque Ele nos concedeu preparar a mesa de Deus para os homens, dar a eles o Seu corpo e o Seu sangue, oferecer a eles o dom precioso da Sua própria presença. Sim! Podemos rezar juntos, com todo o coração, as palavras do Salmo: "Sim, felicidade e amor me seguirão todos os dias da minha vida" (Salmo 23 [22]:6).

Por fim, vamos nos deter brevemente nos dois cânticos de comunhão propostos pela Igreja na sua liturgia de hoje.

Em primeiro lugar, temos as palavras com que São João conclui a narração da crucificação de Jesus: "mas um dos soldados traspassou-lhe o lado com a lança e imediatamente saiu sangue e água" (João 19:34).

O coração de Jesus é trespassado pela lança. Uma vez aberto, torna-se uma fonte: a água e o sangue que brotam dela se referem aos dois sacramentos fundamentais da Igreja: o Batismo e a Eucaristia.

Do lado trespassado do Senhor, do Seu coração aberto, brota a fonte viva que corre através dos séculos e sustenta a Igreja.

O coração aberto é a fonte de um novo rio de vida; nesse contexto, certamente João também pensou na profecia de Ezequiel, que vê brotar do novo templo um rio que traz fecundidade e vida (Ezequiel 47): o próprio Jesus é o novo templo, e o seu coração aberto é a fonte de onde brota um rio de vida nova, que se comunica conosco no Batismo e na Eucaristia.

No entanto, a liturgia da Solenidade do Sagrado Coração de Jesus prevê como canto de comunhão outra palavra, semelhante a essa, tirada do Evangelho de João: "'Se alguém tem sede, venha a mim e beba, aquele que crê em mim!' conforme a palavra da Escritura: De seu seio jorrarão rios de água viva" (João 7:37s). Pela fé, nós bebemos, por assim dizer, da água viva da Palavra de Deus. Dessa forma, o próprio crente se torna uma fonte, oferecendo dessa água viva à terra sedenta da história. Vemos isso nos santos. Vemos isso em Maria, que, como grande mulher de fé e de amor, se tornou uma fonte de fé, amor e vida ao longo dos séculos.

Cada cristão e cada sacerdote devem, a partir de Cristo, tornar-se uma fonte que comunica vida aos outros. Devemos oferecer a água da vida a um mundo sedento.

Senhor, nós Te agradecemos porque abriste Teu coração para nós; porque, em Tua morte e ressurreição, tornaste-Te uma fonte de vida.

Faz com que sejamos pessoas vivas, que vivem da Tua fonte, e concede-nos que também nós possamos ser fontes, capazes de dar a este nosso tempo a água da vida.

Nós Te agradecemos a graça do ministério sacerdotal. Senhor, abençoa-nos, e abençoa todos os homens deste tempo que têm sede e procuram por Ti. Amém.

Capítulo 8

A religião é vital para a sociedade

Westminster Hall, 17 de setembro de 2010

Discurso por ocasião do Encontro com as Autoridades Civis durante a visita apostólica ao Reino Unido.

Nos passos de São Tomás Moro

Ao dirigir-me a vós, estou ciente do privilégio que me é concedido de me dirigir ao povo britânico e aos seus representantes no Westminster Hall, edifício que tem um significado único na história civil e política dos habitantes destas ilhas.

Permitam-me manifestar a minha estima pelo parlamento, que há séculos está sediado neste lugar e teve uma influência realmente profunda no desenvolvimento de formas participativas de governo no mundo, especialmente no âmbito da Commonwealth e, de forma mais geral, nos países de língua inglesa.

A tradição do *common law* constitui a base do sistema legal em muitas nações, e a visão particular dos respectivos direitos e deveres do Estado e do cidadão individual, bem como da separação de poderes, permanece como uma fonte de inspiração para muitos no mundo.

Enquanto vos falo neste lugar histórico, penso nos inúmeros homens e mulheres que, ao longo dos séculos, desempenharam o seu papel em importantes acontecimentos entre estas paredes e marcaram a vida de muitas gerações de britânicos e de outros povos.

Em particular, gostaria de recordar a figura de São Tomás Moro, o grande estudioso e estadista inglês, admirado por crentes e não crentes pela integridade com que soube seguir a sua própria consciência, mesmo à custa de desagradar o seu soberano – de quem era um "bom servo", mas ele havia escolhido servir primeiro a Deus.

O dilema com que o então Thomas More se confrontava, naqueles tempos difíceis (a eterna questão da relação entre o que é devido a César e o que é devido a Deus), me oferece a oportunidade de refletir brevemente convosco sobre o devido lugar que o credo religioso deve manter no processo político.

Estado de direito, dignidade humana e ética da sociedade

A tradição parlamentar deste país deve muito ao sentido instintivo de moderação presente na nação, ao desejo de encontrar um justo equilíbrio entre as exigências legítimas do poder do Estado e os direitos daqueles que são sujeitos a ele.

Se, por um lado, em vossa história, por várias vezes foram dados passos decisivos para colocar limites ao exercício do poder, por outro, as instituições políticas da nação foram capazes de evoluir em um grau considerável de estabilidade.

Ao longo desse processo histórico, a Grã-Bretanha emergiu como uma democracia pluralista, que atribui um grande valor à liberdade de expressão, à liberdade de filiação política e ao respeito ao Estado de direito com um forte senso dos direitos e deveres de cada indivíduo, bem como da igualdade de todos os cidadãos perante a lei. A doutrina social católica, embora formulada em uma linguagem diferente, tem muito em comum com tal abordagem, se considerarmos sua preocupação fundamental com a salvaguarda da dignidade de cada pessoa, criada à imagem e semelhança de Deus, e sua ênfase no dever das autoridades civis de promover o bem comum.

E, na verdade, as questões fundamentais que estiveram em jogo no julgamento de Thomas More continuam a apresentar-se, em termos sempre novos, com a evolução das condições sociais. Cada geração, enquanto procura promover o bem comum, deve se perguntar novamente: quais são as exigências que os governos podem impor razoavelmente a seus cidadãos e até onde elas podem chegar? A qual autoridade podemos recorrer para resolver os dilemas morais? Essas questões nos levam direto aos fundamentos éticos do discurso civil.

Se, por sua vez, os princípios morais que sustentam o processo democrático não estiverem alicerçados em algo mais sólido que o consenso social, então a fragilidade do processo se tornará evidente. É aí que reside o verdadeiro desafio da democracia.

A inadequação de soluções pragmáticas e de curto prazo para os complexos problemas sociais e éticos foi colocada em evidência pela recente crise financeira global. Houve um amplo consenso sobre o fato de que a falta de uma base ética sólida para a atividade econômica contribuiu para a terrível situação em que hoje se encontram milhões de pessoas em todo o mundo. Assim como "cada decisão econômica tem uma consequência de natureza moral",[1] do mesmo modo, no campo político, a dimensão moral das políticas postas em prática tem consequências de grande alcance, que nenhum governo se pode dar ao luxo de ignorar.

---

1. Bento XVI, Carta Encíclica *Caritas in veritate*, Libreria Editrice Vaticana, Cidade do Vaticano, 2009, p. 37.

Um exemplo positivo disso pode ser encontrado em uma das conquistas particularmente notáveis do parlamento britânico: a abolição do comércio de escravos. A campanha que levou a essa legislação histórica foi embasada em sólidos princípios morais, fundamentados na lei natural, e foi uma grande contribuição para a civilização – da qual esta nação pode se orgulhar.

Qual é a relação entre ética, religião e política?

A questão central em jogo, portanto, é a seguinte: onde se encontra o fundamento ético para as escolhas políticas? A tradição católica afirma que as normas objetivas que regem o agir correto são acessíveis à razão, prescindindo do conteúdo da Revelação. De acordo com esse entendimento, o papel da religião no debate político consiste não tanto em fornecer tais normas, como se elas não pudessem ser conhecidas pelos não crentes; e, menos ainda, em propor soluções políticas concretas, o que está totalmente fora da competência da religião; mas, sim, em ajudar a purificar e lançar luz sobre a aplicação da razão na descoberta de princípios morais objetivos.

Esse papel "corretivo" da religião em relação à razão, no entanto, nem sempre é bem-visto, em parte porque certas formas ambíguas de religião, como o sectarismo e o fundamentalismo, podem ser elas mesmas a causa de sérios problemas sociais. E, por sua vez, essas ambiguidades da religião vêm à tona quando não damos atenção suficiente ao papel purificador e estruturante da razão, no âmbito da religião.

Trata-se de um processo que funciona como uma via de mão dupla. Com efeito, sem a correção oferecida pela religião, a própria razão pode ser alvo de distorções – como acontece quando ela é manipulada pela ideologia ou aplicada de forma parcial, sem levar plenamente em consideração a dignidade da pessoa humana. Foi esse uso ambíguo da razão que acabou dando origem ao tráfico negreiro, e em seguida a muitos outros males sociais, inclusive as ideologias totalitárias do século XX.

Por isso, gostaria de sugerir que o mundo da razão e o mundo da fé – o mundo da secularidade racional e o mundo da crença religiosa – precisam um do outro e não devem ter medo de entrar em um diálogo profundo e contínuo, para o bem da nossa civilização.

A religião, em outras palavras, não é um problema para os legisladores resolverem, mas uma contribuição vital para o debate público em uma nação. Nesse contexto, não posso deixar de manifestar a minha preocupação diante da crescente marginalização da religião (em particular o cristianismo). Esse problema tem se consolidado em alguns ambientes, mesmo em países que valorizam muito a tolerância.

Há alguns que argumentam que a voz da religião deve ser silenciada ou, na melhor das hipóteses, relegada à esfera puramente privada. Outros argumentam que a celebração pública de feriados como o Natal deve ser desencorajada, sob a crença questionável de que, de alguma forma, pode ofender aqueles que pertencem a outras ou a nenhuma religião. E há ainda outros que – paradoxalmente, com o objetivo de eliminar a discriminação – acreditam que os cristãos em cargos públicos devem, em certos casos, agir contra a própria consciência.

Trata-se de sinais preocupantes de uma falta de consideração: não apenas aos direitos dos crentes à liberdade de consciência e de religião, mas também ao papel legítimo da religião na esfera pública. Por isso, gostaria de convidar a todos vós, cada um em sua respectiva esfera de influência, a procurar caminhos para promover e encorajar o diálogo entre fé e razão, em todos os níveis da vida nacional.

Sinergias possíveis e frutíferas entre Estado e Igreja

A vossa disponibilidade nesse sentido já se manifestou no convite inédito que hoje me dirigistes, e encontra expressão nos setores de interesse em que o vosso governo tem se empenhado juntamente com a Santa Sé.

No campo da paz, houve intercâmbios a respeito da elaboração de um tratado internacional de comércio de armas. Em relação aos direitos humanos, a Santa Sé e o Reino Unido viram positivamente a expansão da democracia, sobretudo nos últimos 65 anos. Na área do desenvolvimento, houve colaboração no perdão de dívidas, no comércio justo e no financiamento do desenvolvimento, nomeadamente através do *International Finance Facility* (Mecanismo de Financiamento Internacional), do *International Immunization Bond* (Certificado Internacional de Imunização) e do *Advanced Market Commitment* (Compromisso de Mercado Antecipado). A Santa Sé também sente o desejo de buscar, ao lado do Reino Unido, novos caminhos para promover a responsabilidade ambiental, em benefício de todos.

Observo também que o atual governo se comprometeu a doar 0,7% da renda nacional para fomentar o desenvolvimento, até 2013.

Nos últimos anos, tem sido animador constatar os sinais positivos do aumento da solidariedade com os mais pobres, em todo o mundo. No entanto, para traduzir essa solidariedade em ações efetivas, ainda são necessárias novas ideias que melhorem as condições de vida em áreas importantes, como produção de alimentos, purificação de água, geração de empregos, capacitação, ajuda às famílias (especialmente dos migrantes) e serviços básicos de saúde. Quando a vida humana está em jogo, o tempo é sempre curto; de fato, o mundo tem testemunhado os vastos recursos que os governos conseguem reunir para resgatar instituições financeiras consideradas "grandes demais para falir". Mas o desenvolvimento integral dos povos da Terra não é menos importante: é um empreendimento digno da atenção do mundo, de fato "grande demais para falir".

A religião pode ser benéfica para a nação

Essa visão geral sobre a recente cooperação entre o Reino Unido e a Santa Sé ilustra quanto progresso foi feito desde o estabelecimento das relações diplomáticas bilaterais a fim de promover por todo o mundo os numerosos valores fundamentais que compartilhamos.

Torço e oro para que essa relação continue a dar frutos e que seja reflexo de uma aceitação crescente da necessidade de diálogo e respeito, em todos os níveis da sociedade, entre o mundo da razão e o mundo da fé.

Estou convicto de que neste país também existem muitos campos em que a Igreja e os poderes públicos podem trabalhar juntos para o bem dos cidadãos, em harmonia com a prática histórica deste parlamento de invocar a orientação do Espírito Santo para aqueles que procuram melhorar as condições de vida de toda a humanidade. Para que essa cooperação seja possível, as instituições religiosas, inclusive aquelas vinculadas à Igreja Católica, devem ser livres para agir de acordo com seus próprios princípios e convicções, fundamentados na fé e no ensinamento oficial da Igreja. Dessa forma, poderão ser garantidos os direitos fundamentais, como a liberdade religiosa, a liberdade de consciência e a liberdade de associação.

Os anjos que nos observam da magnífica abóbada deste antigo salão nos lembram da longa tradição na qual o parlamento britânico se desenvolveu. Eles nos lembram que Deus vela constantemente por nós, para nos guiar e proteger. E eles nos exortam a reconhecer a contribuição vital que a crença religiosa ofereceu e continua a oferecer à vida da nação.

Senhor presidente, agradeço mais uma vez por esta oportunidade de dirigir-me de modo breve a esta distinta audiência. Permita-me assegurar ao senhor, assim como ao presidente da Câmara dos Lordes, meus bons votos e orações constantes por vós e pelo trabalho frutífero de ambas as câmaras deste antigo parlamento. Obrigado, e que Deus abençoe todos!

Capítulo 9

Com Deus, os direitos humanos estão assegurados

Berlim, 22 de setembro de 2011

Discurso no Palácio Reichstag por ocasião da Viagem Apostólica à Alemanha.

Como se funda o Estado liberal de direito

Constitui para mim uma honra e uma alegria falar diante do Senado, diante do parlamento da minha pátria, a Alemanha, que se reúne aqui como representante do povo, eleito democraticamente para trabalhar pelo bem da República Federal da Alemanha.

Gostaria de agradecer ao senhor presidente do *Bundestag* pelo convite para fazer este discurso, bem como pelas amáveis palavras de boas-vindas e apreço com que me acolheu.

Nesta hora, dirijo-me a vós, estimados senhores e senhoras, certamente também como um compatriota que se sente ligado às suas origens por toda a vida e acompanha com solidariedade as adversidades da pátria alemã. Mas o convite para fazer este discurso foi dirigido a mim como papa, como bispo de Roma, que carrega a responsabilidade suprema pelo cristianismo católico. Com isso, vós reconheceis o papel que cabe à Santa Sé como parceira na Comunidade dos Povos e dos Estados. Com base em minha responsabilidade internacional, gostaria de propor algumas considerações sobre os fundamentos do Estado liberal de direito.

O serviço da lei, a vocação da política: a palavra da Bíblia

Permitam-me iniciar minhas reflexões sobre os fundamentos do direito com uma pequena narrativa, extraída da Sagrada Escritura. No Primeiro Livro dos Reis, conta-se que Deus concedeu ao jovem rei Salomão, por ocasião de sua entronização, que ele fizesse um pedido. O que o jovem soberano pediria naquele momento? Sucesso? Riqueza? Uma vida longa? A eliminação de seus inimigos? Ele não pede nada disso. Ele pede então: "Dá, pois, a teu servo um coração que escuta para governar teu povo e para discernir entre o bem e o mal" (1 Reis 3:9).

Com essa história, a Bíblia quer nos indicar o que deve ser importante, em última análise, para um político. O seu critério último e sua motivação para o trabalho como político não deve ser o sucesso, muito menos o lucro material. A política deve ser um compromisso com a justiça e, assim, criar as condições básicas para a paz.

Naturalmente, um político buscará o sucesso, sem o qual jamais poderia ter a chance de uma ação política efetiva. Mas o sucesso está subordinado ao critério da justiça, à vontade de aplicar a justiça e ao entendimento da lei. Ocorre que o sucesso também pode ser uma sedução e, assim, abrir caminho para a deturpação da lei, para a destruição da justiça. "Se a justiça é posta de lado, o que é o Estado senão um grande bando de salteadores?" – afirmou uma vez Santo Agostinho.[1]

Nós, alemães, sabemos por experiência própria que essas palavras não são um mero folclore. Vivenciamos a separação e a oposição entre o

1. Agostino, *De civitate Dei*, IV, 4, 1, Città Nuova, Roma, 1978, p. 257.

poder e o direito, o atropelamento da lei, de modo que o Estado se tornou um instrumento para a própria destruição da lei: tornou-se um bando de salteadores muito bem-organizado, que poderia ameaçar o mundo inteiro e empurrá-lo para a beira do precipício. Servir à lei e combater o domínio da injustiça continua sendo a tarefa fundamental do político. Num momento histórico em que o homem adquiriu um poder até então inimaginável, essa tarefa torna-se particularmente urgente.

O homem é capaz de destruir o mundo. Ele pode manipular a si mesmo. Ele pode, por assim dizer, criar seres humanos e impedir outros de serem humanos. Como podemos reconhecer o que é certo? Como podemos distinguir entre o bem e o mal, entre a lei verdadeira e a lei apenas aparente? O pedido de Salomão continua sendo a questão decisiva, diante da qual os políticos e a política de hoje ainda se encontram.

Em grande parte da matéria que deve ser regulamentada judicialmente, o critério da maioria pode ser suficiente. Mas é evidente que, nas questões fundamentais do direito, nas quais está em jogo a dignidade do homem e da humanidade, o princípio da maioria não é suficiente: no processo de formação do direito, cada pessoa que tem responsabilidade deve buscar ela mesma os critérios da própria orientação.

No século III, o grande teólogo Orígenes assim justificava a resistência dos cristãos a certos sistemas jurídicos em vigor:

> Se alguém se encontrasse no povo de Cítia, que tem leis irreligiosas, e fosse obrigado a viver no meio deles [...], estes agiriam, sem dúvida, de modo muito razoável se, em nome da lei da verdade que precisamente no povo da Cítia é ilegalidade, formassem juntamente

com outros, que tenham a mesma opinião, associações mesmo contra o ordenamento em vigor.[2]

Como reconhecer o que é certo?

Com base nessa convicção, os combatentes da resistência agiram contra o regime nazista e contra outros regimes totalitários, prestando assim um serviço ao direito e a toda a humanidade. Para essas pessoas, era indiscutivelmente óbvio que, na realidade, a lei vigente era uma injustiça. Mas nas decisões de um político democrático, a questão sobre o que agora corresponde à lei da verdade, do que é de fato certo e pode se tornar lei, não é igualmente tão óbvia.

Hoje, decerto, não está de forma alguma claro aquilo que seja justo e possa tornar-se uma lei vigente em relação às questões antropológicas fundamentais. A questão de como reconhecer o que é mesmo certo e, desse modo, servir à justiça na legislação nunca foi fácil de responder; e hoje, na abundância de nossos conhecimentos e habilidades, essa questão tornou-se ainda mais difícil.

Como se reconhece o que é certo? Ao longo da história, os sistemas jurídicos foram quase sempre motivados pela religião: com base na referência à Divindade, decide-se aquilo que é justo entre os homens.

Ao contrário de outras grandes religiões, o cristianismo nunca impôs uma lei revelada ao Estado e à sociedade, nunca impôs um ordenamento

2. *Contra Celsum* GCS Orig. 428 (*Koetschau*); ver A. Furst, "*Monotheismus und Monarchie. Zum Zusammenhang von Heil und Herrschaft in der Antike*" [Monoteísmo e monarquia. Sobre a conexão entre salvação e Estado na antiguidade]. *In: Teol. Fil.* 81 (2006), p. 336. Ver também J. Ratzinger, *L'unità delle nazioni. Una visione dei Padri della Chiesa* [A unidade das nações. Uma visão dos padres da Igreja], Editrice Morcelliana, Brescia, 2009.

jurídico derivado de uma revelação. Em vez disso, referia-se à natureza e à razão como as verdadeiras fontes do direito; apelou para a harmonia entre razão objetiva e subjetiva – harmonia que, no entanto, pressupõe que ambas as esferas se fundamentam na Razão criadora de Deus.

Desse modo, os teólogos cristãos se associaram a um movimento filosófico e jurídico que já se formava desde a primeira metade do século II a.C.: um encontro entre o direito social natural, desenvolvido pelos filósofos estoicos, e os mestres autorizados do direito romano.[3] Nesse contato, nasceu a cultura jurídica ocidental, que foi e ainda é de importância decisiva para a cultura jurídica da humanidade.

Desse vínculo pré-cristão entre direito e filosofia parte o caminho que conduz, através da Idade Média cristã, ao desenvolvimento jurídico do Iluminismo até a Declaração dos Direitos Humanos, e depois à Lei Fundamental alemã, com a qual o nosso povo, em 1949, reconheceu "os direitos humanos invioláveis e inalienáveis como fundamento de toda comunidade humana, da paz e da justiça no mundo".

Foi decisivo para o desenvolvimento do direito e para o progresso da humanidade que os teólogos cristãos se posicionassem contra o direito religioso, fundamentado pela fé nas divindades, e se colocassem ao lado da filosofia, reconhecendo como fonte jurídica válida para todos a razão e a natureza, em sua correlação.

São Paulo já tinha feito essa escolha quando afirmou, na *Epístola aos Romanos*:

---

3. W. Waldstein, *Scritto nel cuore. Il diritto naturale come fondamento di una società umana* [Escrito no coração. A lei natural como fundamento de uma sociedade humana], Giappichelli, Turim, 2014, p. 4s; p. 2325.

> Quando então os gentios, não tendo Lei, fazem naturalmente o que é prescrito pela Lei, eles, não tendo Lei, para si mesmos são Lei; eles mostram a obra da lei gravada em seus corações, dando disto testemunho sua consciência e seus pensamentos [...]. (Romanos 2:14,15)

Aqui vêm à tona os dois conceitos fundamentais de natureza e consciência, em que a "consciência" não é outra coisa senão o "coração sábio" de Salomão: a razão aberta à linguagem do ser.

Surge o positivismo jurídico

No entanto, se a questão sobre os fundamentos da legislação parecia esclarecida na época do Iluminismo, até a Declaração dos Direitos Humanos após a Segunda Guerra Mundial e até a formação de nossa Lei Fundamental, verificamos, na segunda metade do século XX, uma dramática mudança na situação. Hoje em dia, a ideia do direito natural é considerada uma doutrina católica bastante singular, que não valeria a pena ser discutida fora da esfera católica, de modo que as pessoas quase têm vergonha de mencionar o termo. Gostaria de explicar brevemente como se criou essa situação.

Primeiramente, a tese de que existe um abismo intransponível entre "ser" e "dever ser" é fundamental. Um "dever" não poderia derivar do "ser", porque são duas esferas muito diferentes. A base para tal opinião é a concepção positivista da natureza, em geral adotada ainda hoje.

Se considerarmos a natureza, nas palavras de Hans Kelsen, como "um agregado de dados objetivos, ligados uns aos outros como causas e efeitos", então de fato não pode derivar dela qualquer indicação que seja de alguma forma ética.[4]

Uma concepção positivista da natureza, que compreenda a natureza de modo puramente funcional, como as ciências naturais a reconhecem, não pode criar qualquer ponte entre a ética e o direito, apenas suscitar novamente respostas funcionais.

No entanto, o mesmo se aplica à razão em uma visão positivista, que é considerada por muitos como a única visão científica. Segundo ela, o que não é verificável ou refutável não se enquadra no âmbito da razão em sentido estrito. Por isso, o *ethos* e a religião devem ser relegados ao domínio do subjetivo, permanecendo fora do âmbito da razão.

Onde quer que vigore o domínio exclusivo da razão positivista – e esse é o caso, em grande parte da nossa consciência pública –, as fontes clássicas de conhecimento da ética e do direito serão postas de lado. Essa é uma situação dramática que interessa a todos e requer um debate público; um convite urgente a esse debate é uma das intenções essenciais deste discurso.

O conceito positivista de natureza e de razão, bem como a visão positivista do mundo, representa como um todo uma grande parcela do conhecimento e da capacidade humana, à qual não devemos renunciar de modo algum. Mas ela mesma, como um todo, não é uma cultura que corresponda e seja suficiente para o ser humano em toda a sua amplitude. Onde quer que a razão positivista se considere a única cultura suficiente, relegando todas as outras realidades culturais ao estatuto de subculturas, ela diminuirá o homem; mais do que isso, ela ameaçará a sua própria humanidade.

---

4. W. Waldstein, *ibid.*, pp. 9-14.

Digo isso justamente pensando na Europa, onde grandes círculos sociais tentam reconhecer apenas o positivismo como cultura comum e como fundamento comum para a formação do direito, reduzindo todas as demais crenças e valores de nossa cultura ao status de subcultura. O que coloca a Europa, em face das outras culturas do mundo, numa condição de falta de cultura; e, ao mesmo tempo, despertam-se correntes extremistas e radicais.

A razão positivista, que se apresenta de forma exclusivista e não consegue perceber nada além do que é funcional, assemelha-se aos edifícios de concreto armado sem janelas, em que nós mesmos criamos o clima e a luz, impedindo a entrada desses dois elementos do amplo mundo exterior de Deus. No entanto, não podemos nos iludir, pois, mesmo neste mundo autoconstruído, também extraímos secretamente os "recursos" de Deus, que transformamos em nossos próprios produtos. É preciso voltar a abrir as janelas. Precisamos voltar a enxergar a imensidão do mundo, o céu e a terra, e aprender a usar tudo isso da maneira correta.

A razão recupera sua grandeza

Mas como fazê-lo? Como encontramos o caminho certo no todo, em meio à vastidão? Como a razão pode recuperar sua grandeza sem recair no irracional? Como a natureza pode ressurgir em sua verdadeira profundidade, com suas exigências e seus sinais?

Gostaria de trazer à lembrança um momento da história política recente, na esperança de que eu não seja mal interpretado ou que isso provoque uma polêmica unilateral. Eu diria que o surgimento do movimento ecológico na política alemã, a partir dos anos 1970, embora não tenha aberto talvez nenhuma janela, foi e continua a ser um grito que anseia por ar fresco, um grito que não pode ser ignorado ou reprimido, porque nele se vislumbra muita irracionalidade. Os jovens perceberam que havia algo errado em nossa relação com a natureza; que a matéria não é apenas um material para o nosso bel-prazer, mas que a própria terra carrega sua própria dignidade, e devemos seguir os seus sinais. É claro que aqui não estou fazendo campanha para determinado partido político, nada seria mais estranho para mim do que isso. Mas, quando há algo de errado em nossa relação com a realidade, então todos devemos refletir seriamente sobre o todo da situação; e tudo nos remete à questão dos fundamentos da nossa própria cultura.

Permitam-me que me detenha um pouco mais neste ponto. A importância da ecologia é agora indiscutível. Devemos ouvir a linguagem da natureza e responder a ela de forma coerente. No entanto, gostaria de insistir em um ponto que me parece tão negligenciado hoje como ontem: existe também uma ecologia do homem. O homem também tem uma natureza que deve ser respeitada, e que ele não pode manipular à vontade.

O homem não é apenas uma liberdade que se cria por si mesma. O homem não cria a si mesmo. Ele é espírito e vontade, mas também é natureza; e sua vontade é justa quando ele respeita a própria natureza, quando a escuta e quando aceita a si mesmo por aquilo que é, e que ele mesmo não criou. É exatamente assim, e somente assim, que se concretiza a verdadeira liberdade humana.

Voltemos aos conceitos fundamentais de natureza e razão, de onde partimos. Em 1965, o grande teórico do positivismo jurídico Kelsen, aos 84 anos, abandonou o dualismo entre o "ser" e o "dever ser" (sinto-me confortado pelo fato de que, aos 84 anos, ainda é possível pensar de forma racional). Ele havia dito anteriormente que as normas só podem derivar da vontade. Logo – acrescentou ele –, a natureza só poderia encerrar normas em si mesma se uma vontade as tivesse inserido. Por outro lado – disse ele –, isso pressuporia um Deus criador, cuja vontade está inserida na natureza. "Discutir a verdade desta fé é totalmente inútil", observou ele.[5] Será mesmo? Eu gostaria de perguntar. Será realmente inútil refletir se a razão objetiva que se manifesta na natureza não pressupõe uma Razão criadora, um *Creator Spiritus*?

A partir da existência de Deus, consequências históricas positivas

Neste momento, deveria vir em nosso auxílio o patrimônio cultural da Europa. Foi com base na convicção da existência de um Deus criador que se desenvolveram a ideia dos direitos humanos, a ideia da igualdade de todos os homens perante a lei, o conhecimento da inviolabilidade da dignidade humana em cada pessoa e a consciência da responsabilidade dos homens pelos seus atos. Esses saberes da razão constituem a nossa memória cultural. Ignorá-la ou considerá-la como mero passado seria uma amputação de nossa cultura como um todo, e a privaria de sua integridade.

A cultura da Europa nasceu do encontro entre Jerusalém, Atenas e Roma: um encontro entre a fé no Deus de Israel, a razão filosófica dos gregos e o pensamento jurídico de Roma.

Esse tríplice encontro forma a identidade íntima da Europa. Com consciência da responsabilidade do homem perante Deus e em reco-

5. *Apud* W. Waldstein, *ibid.*, p. 13.

nhecimento da dignidade inviolável do homem, de cada homem, esse encontro estabeleceu os critérios do direito, cuja defesa é o nosso dever neste momento histórico.

Ao jovem rei Salomão, quando ascendeu ao trono, foi concedido pedir um desejo. E se nós, legisladores de hoje, pudéssemos pedir um desejo? O que pediríamos?

Creio que ainda hoje, em última análise, não poderíamos desejar nada mais do que um coração sábio – a capacidade de distinguir entre o bem e o mal e, assim, estabelecer o verdadeiro direito, servir à justiça e à paz. Obrigado pela vossa atenção!

Capítulo 10

Meu convicto agradecimento a Deus e a todos

Praça de São Pedro, 27 de fevereiro de 2013

Discurso por ocasião da última Audiência Geral.

A Igreja está viva, eu a vivenciei

Agradeço-vos por terdes comparecido em tão grande número a esta minha última Audiência Geral.

Obrigado de todo o meu coração! Estou realmente emocionado! E vejo a Igreja viva! E acho que devemos também agradecer ao Criador pelo lindo dia que Ele nos deu hoje, mesmo no inverno.

Como fez o apóstolo Paulo no texto bíblico que acabamos de ouvir, também sinto no meu coração que devo sobretudo agradecer a Deus, que guia e faz crescer a Igreja, que semeia a Sua Palavra e, assim, alimenta a fé do Seu povo. Neste momento, alarga-se o horizonte do meu espírito e abraça toda a Igreja espalhada pelo mundo; e dou graças a Deus pelas notícias que pude receber, nestes anos de ministério petrino, acerca da fé no Senhor Jesus Cristo, da caridade que circula realmente no Corpo da Igreja e o faz viver no amor e da esperança que nos abre e orienta para a vida em plenitude, para a pátria do Céu.

Sinto que tenho todos comigo em oração, em um tempo presente que é o de Deus, onde reúno cada encontro, cada viagem, cada visita pastoral. Reúno tudo e todos em oração, para confiá-los ao Senhor, pedindo a Ele que tenhamos pleno conhecimento da Sua vontade, com toda a sabedoria e inteligência espiritual, e possamos comportar-nos de maneira digna d'Ele, do Seu amor, dando frutos em toda a boa obra (cf. Colossenses 1:9-10). Neste momento, reina em mim uma grande confiança, porque sei, sabemos todos nós, que a Palavra de verdade do Evangelho é a força da Igreja, é a sua vida. O Evangelho purifica e renova, dá frutos em todo lugar onde é ouvido pela comunidade dos fiéis e acolhido pela graça de Deus, em verdade e amor. Essa é a minha esperança. Essa é a minha alegria.

A Palavra de Deus acompanha a Igreja

Quando, no dia 19 de abril, há quase oito anos, aceitei assumir o ministério petrino, foi comprovada a firme certeza que sempre me acompanhou: a certeza de que a Igreja vive da Palavra de Deus. Naquele momento, como já disse várias vezes, as palavras que ressoaram em meu coração foram: "Senhor, por que me pedes tal coisa? Uma coisa tão imensa? É um peso grande demais que colocas sobre os meus ombros; mas se és Tu a me pedires, por Tua palavra lançarei as redes, seguro de que Tu me guiarás, mesmo com todas as minhas fraquezas".

E, oito anos depois, posso dizer que o Senhor me guiou mesmo, permaneceu junto a mim, e pude diariamente sentir sua presença. Foi um trecho do caminho da Igreja que teve momentos de alegria e luz, mas também momentos nada fáceis; senti-me como São Pedro com os apóstolos na barca, no lago da Galileia: o Senhor nos deu muitos dias de sol e brisa suave, e houve dias em que a pesca foi abundante; mas houve também momentos em que as águas estavam agitadas e o vento contrário – como, aliás, em toda a história da Igreja –, e o Senhor parecia estar dormindo. Mas eu sempre soube que o Senhor está na barca e sempre soube que a barca da Igreja não é minha, não é nossa, mas é d'Ele. E o Senhor não a deixa afundar; é Ele quem a conduz, decerto também através dos homens que escolheu, porque assim o quis. Essa foi e é uma certeza que nada pode ofuscar. E é por isso que hoje o meu coração transborda de gratidão a Deus, porque nunca deixou faltar a toda a Igreja, nem a mim, a Sua consolação, a Sua luz, o Seu amor.

Fé: o maior dom

Estamos no *Ano da Fé*, que desejei para fortalecer a nossa fé em Deus num contexto que parece colocá-Lo cada vez mais em segundo plano.

Gostaria de convidar todos a renovarem sua firme confiança no Senhor, a se entregarem como crianças nos braços de Deus, seguros de que Seus braços sempre nos sustentam e nos permitem caminhar todos os dias, mesmo quando estamos cansados.

Gostaria que cada um de vós se sentisse amado por aquele Deus que entregou o seu Filho por nós e nos mostrou amor sem limites. Gostaria que cada um sentisse a alegria de ser cristão.

Numa bela oração, que se recita diariamente pela manhã, dizemos: "Eu Te adoro, meu Deus, Te amo de todo o meu coração. Te agradeço por me teres criado, feito cristão".

Sim, estamos felizes pelo dom da fé. Esse é o bem mais precioso, que ninguém pode tirar de nós! Agradecemos ao Senhor por isso todos os dias, com a oração e com uma vida cristã coerente. Deus nos ama, mas espera amor de volta também!

Meus sinceros e comovidos agradecimentos

Mas não é somente a Deus que quero agradecer neste momento. Um papa nunca está sozinho ao conduzir a barca de Pedro, mesmo que recaia sobre ele a primeira responsabilidade. Nunca me senti sozinho ao carregar as alegrias e o peso do ministério petrino; o Senhor colocou ao meu lado muitas pessoas que, com generosidade e amor a Deus e à Igreja, me ajudaram e estiveram perto de mim.

Em primeiro lugar a vós, amados Irmãos Cardeais: a vossa sabedoria, os vossos conselhos, a vossa amizade foram preciosos para mim; os meus Colaboradores, a começar pelo meu Secretário de Estado, que me acompanhou fielmente ao longo dos anos; a Secretaria de Estado e toda a Cúria Romana, assim como todos aqueles que, nos vários setores, prestam o seu serviço à Santa Sé: são tantos os rostos que não se sobressaem – permanecem na sombra, mais precisamente no silêncio, na dedicação cotidiana, com espírito de fé e humildade –, mas foram para mim um apoio seguro e confiável.

Um pensamento especial para a Igreja de Roma, minha diocese! Não posso esquecer os irmãos no Episcopado e no Presbitério, as pessoas consagradas e todo o Povo de Deus: nas visitas pastorais, nos encontros, nas audiências, nas viagens, sempre senti uma grande atenção e um profundo afeto. Também amei todos e cada um, sem distinção, com aquela caridade pastoral que é o coração de todo pastor, sobretudo do bispo de Roma, do sucessor do apóstolo Pedro. Todos os dias eu me lembrava de cada um de vós em oração, com um coração de pai.

Desejo que a minha saudação e o meu agradecimento cheguem a todos: o coração de um papa abraça o mundo inteiro. E desejo expressar minha gratidão ao Corpo Diplomático da Santa Sé, que torna presente a grande família das nações. Aqui também penso em todos aqueles que trabalham em prol da boa comunicação, aos quais sou grato pelo importante serviço prestado.

O papa é de todos

Neste momento, também gostaria de agradecer sinceramente às inúmeras pessoas do mundo que, nas últimas semanas, me enviaram comoventes sinais de atenção, amizade e oração. Sim, o papa nunca está sozinho! Agora pude comprovar isso de uma forma tão grande que toca o meu coração. O papa é de todos, e muitíssimas pessoas se sentem bastante próximas dele.

É verdade que recebo cartas dos grandes poderosos do mundo – chefes de Estado, líderes religiosos, representantes do mundo da cultura etc. Mas também recebo muitas cartas escritas por pessoas simples, que apenas me escrevem com o coração e me fazem sentir seu carinho, que nasce do fato de estarmos unidos na Igreja com Cristo Jesus. Essas pessoas me escrevem não como se escreve, por exemplo, a um príncipe ou a um ilustre desconhecido. Elas me escrevem como irmãos e irmãs, ou como filhos e filhas, com um sentimento de vínculo familiar muito amoroso.

Assim podemos sentir de forma palpável o que é a Igreja: não uma organização, não uma associação com fins religiosos ou humanitários, mas um corpo vivo, uma comunhão de irmãos e irmãs no corpo de Jesus Cristo, que nos une todos. Vivenciar a Igreja desse modo, e quase poder tocar com as mãos a força da Sua verdade e do Seu amor, é motivo de alegria – num momento em que tantos falam da sua decadência. Mas vejamos como a Igreja está viva hoje!

Nestes últimos meses, senti que minhas forças diminuíam, e pedi a Deus com insistência, em oração, que me iluminasse com a Sua luz para que eu pudesse tomar a decisão mais justa; não para o meu bem, mas para o bem da Igreja. Dei esse passo com plena consciência de sua gravidade – e também novidade –, mas com uma profunda serenidade de espírito. Amar a Igreja significa também ter a coragem para fazer escolhas difíceis, dolorosas, tendo sempre diante dos olhos o bem da Igreja, e não de nós mesmos.

Permitam-me, aqui, voltar mais uma vez a 19 de abril de 2005. A gravidade da decisão também estava no fato de que, daquele momento em diante, eu estaria sempre (e para sempre) comprometido com o Senhor. Sempre! Quem assume o ministério petrino deixa de ter qualquer vida privada. Pertencerá sempre e totalmente a todos, a toda a Igreja. Sua vida se torna, por assim dizer, toda desprovida da dimensão privada. Pude vivenciar, e vivencio neste exato momento, que recebemos a vida justamente quando a doamos.

Eu disse antes que muitas pessoas que amam o Senhor amam também o sucessor de São Pedro e sentem afeto por ele; que o papa de fato tem muitos irmãos e irmãs, filhos e filhas por todo o mundo, e que se sente seguro no abraço da vossa comunhão. Isso acontece porque ele já não pertence a si mesmo: pertence a todos, e todos lhe pertencem.

Pertencer totalmente a Deus

Mas o "sempre" é também um "para sempre": não haverá mais um retorno à vida privada. Minha decisão de renunciar ao exercício ativo do ministério não revoga isso. Não volto à vida privada, a uma vida de viagens, reuniões, recepções, conferências etc. Não abandono a cruz, mas permaneço com o Senhor Crucificado de uma nova maneira. Não carrego mais o poder do ofício em prol do governo da Igreja, mas permaneço no serviço de oração, por assim dizer, no recinto de São Pedro. São Bento, cujo nome adotei como papa, continua a ser um grande exemplo para mim. Ele nos indicou o caminho para uma vida que, ativa ou passiva, sempre está totalmente voltada à obra de Deus.

Também agradeço a todos e a cada um pelo respeito e pela compreensão com que acolhestes essa decisão tão importante. Continuarei a acompanhar o caminho da Igreja através da oração e da reflexão, com a mesma dedicação ao Senhor e à Sua Esposa que tenho procurado viver até agora, e quero viver sempre. Rogo-vos que lembreis de mim diante de Deus e, sobretudo, rezeis pelos cardeais chamados a tão importante tarefa. E, ao novo sucessor do apóstolo Pedro: que o Senhor o acompanhe com a luz e a força do Seu Espírito!

Invoquemos a materna intercessão da Virgem Maria, Mãe de Deus e da Igreja, para que acompanhe cada um de nós e toda a comunidade eclesial; a Ela nos entregamos, com profunda confiança.

Queridos amigos! Deus guia a sua Igreja; sempre a sustenta, mesmo e sobretudo nos momentos difíceis. Nunca percamos essa visão da fé, a única visão verdadeira do caminho da Igreja e do mundo. No nosso coração, no coração de cada um de vós, esteja sempre a alegre certeza de que o Senhor está ao nosso lado. Ele nunca nos abandona, está perto de nós e nos envolve com o Seu amor. Obrigado!

Apêndice

Carta pastoral do Santo Padre Bento XVI aos católicos na Irlanda

1. Amados irmãos e irmãs da Igreja na Irlanda: é com grande preocupação que vos escrevo como pastor da Igreja universal. Como vós, fiquei profundamente perturbado com as notícias sobre o abuso de crianças e jovens vulneráveis por parte de membros da Igreja na Irlanda, sobretudo de sacerdotes e religiosos. Não posso deixar de partilhar a consternação e o sentimento de traição que muitos de vós experimentastes ao tomar conhecimento desses atos pecaminosos e criminosos, e do modo como as autoridades da Igreja na Irlanda os enfrentaram.

Como sabeis, convidei recentemente os bispos irlandeses para um encontro aqui em Roma, a fim de discutir o modo como essas questões foram tratadas no passado e indicar os passos que foram empreendidos para responder a essa grave situação. Ao lado de alguns prelados seniores da Cúria Romana, ouvi o que eles tinham a dizer, tanto individualmente como em grupo, enquanto ofereciam uma análise dos erros cometidos e das lições aprendidas, e uma descrição dos programas e protocolos hoje em vigor. Nossas reflexões foram francas e construtivas. Estou confiante de que, como resultado, os bispos estejam agora em uma posição mais forte para levar adiante a tarefa de reparar as injustiças do passado e abordar as questões mais amplas relacionadas ao abuso de menores de maneira consistente com as exigências da justiça e com os ensinamentos do Evangelho.

2. De minha parte, considerando a gravidade dessas faltas e a resposta muitas vezes inadequada que foi dada pelas autoridades eclesiásticas do vosso país, decidi escrever esta Carta pastoral para vos exprimir a minha solidariedade e propor-vos um caminho de cura, de renovação e de reparação.

Na realidade, como muitos observaram em vosso país, o problema do abuso de menores não é específico da Irlanda, nem da Igreja. No entanto, a tarefa que agora tendes à vossa frente é enfrentar o problema dos abusos que ocorreram dentro da comunidade católica irlandesa, e fazê-lo com coragem e determinação. Que ninguém pense que essa dolorosa situação se resolverá em pouco tempo. Avanços positivos foram realizados, mas ainda há muito mais a ser feito. É preciso perseverança e oração, com grande confiança na força restauradora da graça de Deus. Ao mesmo tempo, também devo expressar a minha convicção de que, para se recuperar dessa dolorosa ferida, a Igreja na Irlanda deve primeiro reconhecer, perante o Senhor e perante os outros, os graves pecados cometidos contra os pequeninos indefesos. Tal consciência, acompanhada de um sincero pesar pelos danos causados às vítimas e suas famílias, deve levar a um esforço conjunto para garantir a proteção de nossos pequeninos contra crimes semelhantes no futuro.

Enquanto enfrentais os desafios deste momento, peço que vos lembreis da “rocha da qual fostes talhados” (Isaías 51:1). Refleti sobre as contribuições generosas, muitas vezes heroicas, oferecidas à Igreja e à humanidade como tal, pelas gerações passadas de homens e mulheres irlandeses, e deixai que isso gere um impulso para um honesto autoexame e um firme programa de renovação eclesial e individual. Minha oração é que, assistida pela intercessão de seus muitos santos e purificada pela penitência, a Igreja na Irlanda supere a presente crise e seja novamente uma testemunha convincente da verdade e da bondade do Deus Todo-Poderoso, manifesta em seu Filho, Jesus Cristo.

3. Historicamente, os católicos da Irlanda provaram ser uma tremenda força para o bem, tanto em sua pátria quanto no exterior. Monges celtas, como São Columba, espalharam o Evangelho pela Europa Ocidental, estabelecendo as bases da cultura monástica medieval. Os ideais de santidade, caridade e sabedoria transcendente, que derivam da fé cristã, encontraram expressão na construção de igrejas e mosteiros e na criação de escolas, bibliotecas e hospitais que consolidaram a identidade espiritual da Europa. Esses missionários irlandeses extraíram sua força e inspiração da fé sólida, da liderança forte e das práticas morais corretas da Igreja em sua terra natal.

A partir do século XVI, os católicos na Irlanda sofreram um longo período de perseguição, durante o qual lutaram para manter viva a chama da fé em circunstâncias perigosas e difíceis. Santo Oliver Plunkett, o arcebispo mártir de Armagh, é o exemplo mais emblemático de uma multidão de corajosos filhos e filhas da Irlanda dispostos a dar a vida pela fidelidade ao Evangelho. Após a Emancipação Católica, a Igreja teve liberdade para crescer novamente. Famílias e incontáveis pessoas que mantiveram sua fé durante os tempos de provação se tornaram a centelha de um grande renascimento do catolicismo irlandês no século XIX. A Igreja forneceu educação, sobretudo para os pobres, e isso foi uma grande contribuição para a sociedade irlandesa. Entre os frutos das novas escolas católicas está o aumento das vocações: gerações de sacerdotes, irmãs e irmãos missionários deixaram sua pátria para servir em todos os continentes, sobretudo no mundo de língua inglesa. Foram admiráveis, não somente pela grandeza do número, mas também pela robustez da fé e pela solidez do empenho pastoral. Muitas dioceses, especialmente na África, na América e na Austrália, se beneficiaram da presença de clérigos e religiosos irlandeses que pregaram o Evangelho e fundaram paróquias, escolas e universidades, clínicas e hospitais, que serviram tanto aos católicos como à sociedade em geral, com particular atenção às necessidades dos pobres. Em quase todas as famílias da Irlanda, houve alguém – um filho ou uma filha, uma tia ou um tio – que dedicou a vida à Igreja. As famílias irlandesas, com razão, têm grande estima e afeto por esses seus entes queridos que ofereceram a vida a Cristo, partilhando o dom da fé com os outros e renovando-o no serviço amoroso a Deus e ao próximo.

4. Nas últimas décadas, entretanto, a Igreja no vosso país teve que enfrentar novos e graves desafios à fé, decorrentes da rápida transformação e secularização da sociedade irlandesa. Verificou-se uma mudança social muito rápida, que muitas vezes atingiu com efeitos hostis a tradicional adesão do povo ao ensinamento e aos valores católicos. Muitas vezes, as práticas sacramentais e devocionais que sustentam a fé e permitem que ela cresça, como a confissão frequente, a oração diária e os ritos anuais, foram negligenciadas. Além disso, foi decisiva nesse período a tendência, também por parte de sacerdotes e religiosos, de adotar formas de pensar e julgar as realidades seculares sem referência suficiente ao Evangelho. O programa de renovação proposto pelo Concílio Vaticano II foi por vezes in-

compreendido. E, na realidade, à luz das profundas mudanças sociais que ocorriam, não era fácil avaliar a melhor maneira de levá-lo avante. Em particular, houve uma tendência (ditada por intenções corretas, mas realizadas de forma errônea) de evitar abordagens penais a situações canônicas irregulares. É nesse contexto geral que devemos procurar compreender o desconcertante problema do abuso sexual de menores, que contribuiu em grande medida para o enfraquecimento da fé e a perda do respeito pela Igreja e pelos seus ensinamentos.

Somente examinando com cuidado os muitos elementos que deram origem à crise atual é possível realizar um diagnóstico claro de suas causas e encontrar remédios eficazes. Certamente, dentre os fatores que para ela contribuíram, podemos enumerar: procedimentos inadequados para determinar a idoneidade dos candidatos ao sacerdócio e à vida religiosa; insuficiente formação humana, moral, intelectual e espiritual nos seminários e nos noviciados; uma tendência da sociedade a favorecer o clero e outras figuras de autoridade, e uma preocupação inadequada com o bom nome da Igreja e o surgimento de escândalos, que resultaram na malograda aplicação das penas canônicas em vigor e na falha da proteção da dignidade de cada pessoa. É preciso agir com urgência para enfrentar esses fatores, que tiveram consequências tão trágicas para a vida das vítimas e suas famílias e obscureceram a luz do Evangelho em nível que nem mesmo séculos de perseguição tinham alcançado.

5. Em diversas ocasiões, desde a minha eleição para a Sé de Pedro, encontrei-me pessoalmente com vítimas de abuso sexual, e continuarei disposto a fazê-lo no futuro. Fiquei com eles, ouvi

suas histórias, tomei nota de seu sofrimento, rezei com eles e por eles. No início do meu pontificado, preocupado em abordar essa questão, pedi aos bispos da Irlanda, por ocasião da sua visita *ad limina* em 2006, para "estabelecerem a verdade do que aconteceu no passado, tomarem todas as medidas adequadas para evitar a repetição no futuro, garantirem que os princípios da justiça sejam plenamente respeitados e, acima de tudo, curarem as vítimas e todos os atingidos por esses crimes hediondos".[1] Com essa Carta, desejo exortar a *todos vós,* como povo de Deus na Irlanda, a refletir sobre as feridas infligidas ao corpo de Cristo, sobre os remédios, às vezes dolorosos, necessários para enfaixá-las e curá-las, e sobre a necessidade de unidade, caridade e ajuda recíproca no longo processo de recuperação e renovação eclesial. Dirijo-me agora a vós com palavras que vêm do meu coração, e desejo falar a cada um de vós individualmente e a todos, como irmãos e irmãs no Senhor.

6. Às vítimas de abuso e suas famílias

Sofrestes tremendamente, e eu de fato lamento muito por isso. Sei que nada pode apagar a dor que suportastes. Vossa confiança foi traída, e a dignidade, violada. Muitos de vós experimentastes que, quando eram corajosos o suficiente para falar sobre o que aconteceu, ninguém vos ouvia. Aqueles de vós que sofreram abusos em internatos devem ter sentido que não havia como escapar desse sofrimento. É compreensível que tenhais dificuldade de perdoar, ou de reconciliar-vos com a Igreja.

1. Bento XVI, *Discurso aos Bispos da Conferência Episcopal da Irlanda em sua visita "Ad Limina Apostolorum"*, 28 de outubro de 2006.

Em seu nome, expresso abertamente a vergonha e o remorso que todos sentimos. Ao mesmo tempo, rogo-vos que não percais a esperança. É na comunhão da Igreja que encontramos a pessoa de Jesus Cristo, Ele mesmo vítima da injustiça e do pecado. Como vós, Ele ainda carrega as feridas de seu sofrimento injusto. Ele entende a profundidade de vossa dor e o seu efeito duradouro em vossa vida e em vosso relacionamento com outras pessoas, inclusive com a Igreja. Sei que alguns de vós têm dificuldade até mesmo de entrar em uma igreja, depois do que aconteceu. No entanto, as próprias chagas de Cristo, transformadas por Seus sofrimentos redentores, são o meio pelo qual o poder do mal é quebrado, e nós renascemos para a vida e a esperança. Acredito com firmeza no poder de cura de Seu amor sacrificial – mesmo nas situações mais sombrias e sem esperança –, que traz libertação e a promessa de um novo começo.

Dirigindo-me a vós como pastor, preocupado com o bem de todos os filhos de Deus, peço-vos humildemente que reflitais sobre o que vos disse. Rezo para que, aproximando-vos de Cristo e participando na vida da sua Igreja – uma Igreja purificada pela penitência e renovada na caridade pastoral –, possais redescobrir o amor infinito de Cristo por cada um de vós. Estou confiante de que, desse modo, podereis encontrar reconciliação, profunda cura interior e paz.

7. Aos sacerdotes e aos religiosos que abusaram dos pequeninos

Traístes a confiança depositada em vós pelos jovens inocentes e por seus pais. Por isso, deveis responder perante Deus Todo-Poderoso, bem como perante os tribunais devidamente constituídos. Perdestes a estima do povo da Irlanda e trouxestes vergonha e desonra para vossos irmãos. Quantos de vós, que sois sacerdotes, violastes a santidade do sacramento da Ordem Sagrada, no qual Cristo se faz presente em nós e em nossas ações. Juntamente com o imenso dano causado às vítimas, um grande dano foi causado à Igreja, bem como à percepção pública do sacerdócio e da vida religiosa.

Exorto-vos a examinar a vossa consciência, a assumir a responsabilidade pelos vossos pecados e a expressar com humildade vosso arrependimento. O arrependimento sincero abre as portas para o perdão de Deus e a graça da verdadeira correção. Ao oferecer orações e penitência por aqueles a quem ofendestes, deveis procurar reparar pessoalmente as vossas ações. O sacrifício redentor de Cristo tem o poder de perdoar até o mais grave dos pecados e de extrair o bem do mais terrível dos males. Ao mesmo tempo, a justiça de Deus exige que prestemos contas de nossas ações sem nada esconder. Reconhecei abertamente a vossa culpa, submetei-vos às exigências da justiça, mas não percais a esperança na misericórdia de Deus.

8. Aos pais

Ficastes profundamente transtornados ao saber das coisas terríveis que ocorreram naquele que deveria ser o ambiente mais seguro de todos. No mundo de hoje, não é fácil construir um lar e educar filhos. Eles merecem crescer em um ambiente seguro, amados e queridos, com um forte senso de identidade e valor. Têm direito a serem educados nos autênticos valores morais, enraizados na dignidade da pessoa humana, a serem inspirados pela verdade da nossa fé católica e a aprender modos de comportamento e de ação que os conduzam a uma sadia autoestima e a uma vida de felicidade duradoura. Essa nobre e exigente tarefa é confiada em primeiro lugar a vós, os pais. Exorto-vos a fazer a vossa parte para garantir a melhor cura possível a esses pequeninos, tanto no lar como na sociedade em geral; enquanto a Igreja, por seu lado, continuará a pôr em prática as medidas adotadas nos últimos anos para proteger os jovens nos ambientes paroquiais e educacionais. No desempenho de vossas importantes responsabilidades, estejais certos de que estou próximo de vós e ofereço-vos o apoio de minhas orações.

9. Aos pequeninos e aos jovens da Irlanda

Desejo oferecer-vos uma palavra particular de encorajamento. A vossa experiência na Igreja é muito diferente daquela de vossos pais e avós. O mundo mudou muito desde que eles tinham a vossa idade. Apesar disso, todos, em todas as gerações, são chamados a percorrer o mesmo caminho na vida, sejam quais forem as circunstâncias. Todos nós estamos escandalizados com os pecados e falhas de alguns membros da Igreja, ainda mais daqueles que foram em particular escolhidos para liderar e servir os jovens. Mas é *na Igreja* que encontrareis a Jesus Cristo, que é o mesmo ontem, hoje e eternamente (Hebreus 13:8). Ele vos ama, e por vós se ofereceu na cruz. Procurai um relacionamento pessoal com Ele na comunhão de Sua Igreja, porque Ele nunca trairá a vossa confiança! Só Ele pode satisfazer os vossos anseios mais profundos e dar à vossa vida o seu sentido mais pleno, orientando-as para o serviço ao próximo. Mantende vossos olhos fixos em Jesus e em sua bondade, e protegei a chama da fé em vossos corações. Juntamente com nossos irmãos católicos na Irlanda, espero que sejais discípulos fiéis de nosso Deus, contribuindo com vosso tão necessário entusiasmo e idealismo para a reconstrução e a renovação de nossa amada Igreja.

10. Aos sacerdotes e religiosos da Irlanda

Todos nós estamos sofrendo por consequência dos pecados dos nossos irmãos que traíram uma ordem sagrada, ou não enfrentaram de modo justo e responsável as acusações de abuso. Perante o ultraje e a indignação que isso causou, não somente entre os leigos, mas também entre vós e as vossas comunidades religiosas, muitos de vós estais pessoalmente desanimados, e também vos sentis abandonados. Além disso, estou consciente de que, aos olhos de alguns, sois culpados por associação e considerados de certo modo responsáveis pelos delitos de outros. Neste tempo de sofrimento, desejo reconhecer a dedicação da vossa vida como sacerdotes e religiosos, bem como os vossos apostolados, e convido-vos a reafirmar a vossa fé em Cristo, o vosso amor à Sua Igreja e a vossa confiança na promessa de redenção, perdão e renovação interior do Evangelho. Desse modo, demonstrareis a todos que onde abunda o pecado superabunda a graça (Romanos 5:20).

Sei que muitos de vós estais desiludidos, transtornados e encolerizados pelo modo como essas questões foram tratadas por alguns dos vossos superiores. Não obstante, é essencial que colaboreis de perto com as autoridades civis, e que vos comprometais para fazer com que as medidas adotadas para responder à crise sejam de fato justas, eficazes e embasadas no Evangelho. Sobretudo, exorto-vos a tornar-vos cada vez mais homens e mulheres de oração, seguindo com coragem o caminho da conversão, da purificação e da reconciliação. Desse modo, a Igreja na Irlanda receberá nova vitalidade a partir do vosso testemunho, diante do poder redentor de Nosso Senhor tornado visível em vossa vida.

11. Aos meus irmãos bispos

Não se pode negar que alguns de vós e dos vossos predecessores falhastes, às vezes de forma grave, na aplicação das normas do direito canônico codificado há muito tempo sobre os crimes de abusos de jovens. Foram cometidos sérios erros no tratamento das acusações. Compreendo como era difícil abordar a extensão e a complexidade do problema, obter informações confiáveis e tomar decisões justas à luz dos conselhos de peritos divergentes. Contudo, deve-se admitir que foram cometidos graves erros de julgamento e que se verificaram falhas de liderança. Tudo isso abalou seriamente a vossa credibilidade e eficiência. Aprecio os esforços que fizestes para remediar os erros do passado e para garantir que não se repitam. Além de colocar plenamente em prática as normas do direito canônico ao enfrentar os casos de abuso de jovens, continuai a cooperar com as autoridades civis no âmbito da sua competência. Claramente, os superiores religiosos devem fazer o mesmo. Também eles participaram em recentes encontros aqui em Roma destinados a estabelecer uma abordagem clara e coerente dessas questões. É obrigatório que as normas da Igreja na Irlanda para a tutela dos jovens sejam constantemente revistas e atualizadas, e que sejam aplicadas de modo total e imparcial, em conformidade com o direito canônico.

Somente uma ação decidida, levada adiante com total honestidade e transparência, poderá restabelecer o respeito e o amor dos irlandeses em relação à Igreja, à qual consagramos a nossa vida. Isso deve nascer, antes de tudo, do exame de vossas próprias consciências, da purificação interior e da renovação espiritual. O povo da Irlanda espera justamente que sejais homens de Deus, que sejais santos, que vivais com simplicidade, que procureis todos os dias a conversão pessoal. Para eles, segundo a expressão de Santo Agostinho, sois bispos. Contudo, estais chamados a ser juntamente com eles seguidores de Cristo (cf. *Discurso* 340:1). Exorto-vos, portanto, a renovar o vosso sentido de responsabilidade diante de Deus, a crescer em solidariedade com o vosso povo e a aprofundar a vossa preocupação pastoral por todas as ovelhas do vosso rebanho. Em particular, sede sensíveis à vida espiritual e moral de cada um dos vossos sacerdotes. Sede um exemplo com as próprias vidas, estai próximos a eles, ouvi as suas preocupações, oferecei-lhes encorajamento neste tempo de dificuldades e alimentai a chama do seu amor a Cristo e o seu compromisso a serviço de seus irmãos e irmãs.

Também os leigos devem ser encorajados a fazer a sua parte na vida da Igreja. Fazei com que sejam educados de modo que possam apregoar a razão do Evangelho à sociedade moderna, de maneira articulada e convincente (cf. 1 Pedro 3:15), e cooperem de maneira plena na vida e na missão da Igreja. O que, por sua vez, vos ajudará a ser mais uma vez guias e testemunhas reais da verdade redentora de Cristo.

12. A todos os fiéis da Irlanda

A experiência de um jovem com a Igreja deveria dar sempre frutos, num encontro pessoal e vivificante com Jesus Cristo, numa comunidade que os ama e lhes oferece alimento. Nesse ambiente, os jovens devem ser encorajados a crescer até alcançar sua plena estatura humana e espiritual, a aspirar por ideais nobres de santidade, caridade e verdade, e a inspirar-se nas riquezas de uma grande tradição religiosa e cultural. Na nossa sociedade cada vez mais secularizada – na qual também nós, cristãos, muitas vezes temos dificuldade de falar da dimensão transcendente da nossa existência –, precisamos encontrar novos caminhos para transmitir aos jovens a beleza e a riqueza da amizade com Jesus Cristo, na comunhão da sua Igreja. Ao enfrentar a presente crise, as medidas para julgar de modo justo cada um dos crimes são essenciais, mas sozinhas não são suficientes: é necessária uma nova visão para inspirar a geração atual e as futuras a guardar, como um tesouro, o dom da nossa fé comum. Caminhando na via indicada pelo Evangelho, observando os mandamentos e moldando a nossa vida de maneira cada vez mais próxima à pessoa de Jesus Cristo, vivereis a experiência da renovação profunda, de que hoje necessitamos com tanta urgência. Convido-vos a perseverar nesse caminho.

13. Amados irmãos e irmãs em Cristo, é com profunda preocupação por todos vós neste tempo de sofrimento, no qual a fragilidade da condição humana foi revelada com tanta clareza, que desejei oferecer-vos estas palavras de encorajamento e apoio. Espero que as acolhais como um sinal da minha proximidade espiritual e de minha confiança na vossa capacidade de responder aos desafios do momento atual, obtendo renovada inspiração e força das nobres tradições da Irlanda de fidelidade ao Evangelho, de perseverança na fé e de firmeza na busca pela santidade. Junto a vós, rezo com insistência para que, com a graça de Deus, as feridas que atingiram muitas pessoas e famílias possam ser curadas e que a Igreja na Irlanda possa conhecer uma época de renascimento e renovação espiritual.

14. Desejo propor algumas iniciativas concretas para enfrentar a situação. No final do meu encontro com os bispos da Irlanda, pedi que a quaresma deste ano fosse considerada como tempo

> de oração, para um derramamento da misericórdia de Deus e dos dons de santidade e força do Espírito Santo sobre a Igreja no vosso país. Agora, convido todos vós a dedicar a essa finalidade as vossas penitências da sexta-feira, durante todo o ano, desde agora até a Páscoa de 2011. Peço-vos que ofereçais o vosso jejum, a vossa oração, a vossa leitura da Sagrada Escritura e as vossas obras de misericórdia para obter a graça da cura e da renovação para a Igreja na Irlanda. Encorajo-vos a redescobrir o sacramento da Reconciliação e a valer-vos com mais frequência da força transformadora da sua graça.

Deve ser dedicada também uma particular atenção à adoração eucarística, e, em cada diocese, deverá haver igrejas ou capelas reservadas especificamente para essa finalidade. Peço que as paróquias, os seminários, as casas religiosas e os mosteiros organizem momentos para a adoração eucarística, de modo que todos tenham a possibilidade de participar deles. Com oração fervorosa diante da real presença do Senhor, podereis alcançar a reparação pelos pecados de abuso que causaram tantos danos; e, ao mesmo tempo, implorar pela graça de uma renovada força e de um sentido missionário mais profundo por parte de todos os bispos, sacerdotes, religiosos e fiéis.

Tenho esperança de que esse programa levará a um renascimento da Igreja na Irlanda na plenitude da própria verdade de Deus, porque é a verdade que nos liberta (cf. João 8:32).

Além disso, depois de consultar Deus e orar sobre essa questão, pretendo anunciar uma visita apostólica a algumas dioceses da Irlanda, assim como a seminários e congregações religiosas. A visita propõe-se a ajudar a Igreja local em seu caminho de renovação e será estabelecida em cooperação com as repartições competentes da Cúria Romana e com a Conferência Episcopal Irlandesa. Os pormenores serão anunciados no devido momento.

Também proponho que se realize uma missão em nível nacional para todos os bispos, sacerdotes e religiosos. Alimento a esperança de que, partilhando da competência de pastores, pregadores e organizadores de retiros espirituais, tanto da Irlanda como de outros lugares, e reexaminando o que já foi escrito (os documentos conciliares, os ritos litúrgicos da ordenação e da profissão de fé, os recentes ensinamentos pontifícios), alcanceis um apreço mais profundo das vossas respectivas vocações, de modo a redescobrir as raízes da vossa fé em Jesus Cristo e a beber abundantemente nas fontes da água viva que Ele nos oferece através da Sua Igreja.

Neste ano dedicado aos sacerdotes, recomendo-vos de modo muito particular a figura de São João Maria Vianney, o Santo Cura d'Ars, que tinha uma compreensão muito rica sobre o mistério do sacerdócio. "O sacerdote", escreveu ele, "possui a chave dos tesouros do céu: é ele quem abre a porta, é ele o dispenseiro do bom Deus, o administrador dos seus bens." O Cura d'Ars compreendeu muito bem como é grandemente abençoada uma comunidade quando é cuidada por um sacerdote bom e santo. "Um bom pastor, um pastor segundo o coração de Deus, é o maior tesouro que o bom Deus pode dar a uma paróquia, e um dos dons mais preciosos da misericórdia divina." Por intercessão de São João Maria Vianney, que o sacerdócio na Irlanda possa ganhar nova vida e que toda a Igreja na Irlanda possa crescer em amor e no grande dom do ministério sacerdotal.

Aproveito esta ocasião para agradecer, desde já, a todos que puderem se comprometer no empenho de organizar a visita apostólica e a missão, assim como os tantos homens e mulheres que, em toda a Irlanda, já se comprometeram com a tutela dos jovens nos ambientes eclesiásticos. Desde quando a gravidade e a extensão do problema dos abusos sexuais dos jovens em instituições católicas começaram a ser plenamente compreendidas, a Igreja desempenhou um enorme volume de trabalho em várias partes do mundo a fim de enfrentá-lo e remediá-lo. Enquanto não poupamos esforços para melhorar e atualizar os procedimentos já existentes, encoraja-me o fato de que as práticas de tutela em vigor, adotadas pelas Igrejas locais, são consideradas, em algumas partes do mundo, um modelo a ser seguido por outras instituições.

Desejo concluir esta Carta com uma especial Oração pela Igreja na Irlanda, que vos envio com o cuidado que um pai dedica aos filhos e com o afeto de um cristão como vós, escandalizado e ferido por tudo o que aconteceu em nossa amada Igreja. Ao utilizardes essa oração no seio de vossas famílias, paróquias e comunidades, que a Bem-Aventurada Virgem Maria vos proteja e vos guie pelo caminho que conduz à união mais estreita com o seu Filho, crucificado e ressuscitado. Com grande afeto e firme confiança nas promessas de Deus, concedo de coração a todos vós a minha bênção apostólica, em penhor de força e paz no Senhor.

Oração pela Igreja na Irlanda

Vaticano, 19 de março de 2010

Benedetto XVI

Solenidade de São José.

Deus dos nossos pais,
Renova-nos na fé que é para nós vida e salvação
na esperança que promete perdão e renovação interior,
na caridade que purifica e abre nossos corações
para te amar e, em ti, amar todos os nossos irmãos e irmãs.

Senhor Jesus Cristo,
possa a Igreja na Irlanda renovar o seu milenar compromisso
na formação dos nossos jovens no caminho da verdade,
da bondade, da santidade e do serviço generoso à sociedade.

Espírito Santo, consolador, advogado e guia,
inspire uma nova primavera de santidade e zelo apostólico
para a Igreja na Irlanda.

Possam a nossa tristeza e as nossas lágrimas,
o nosso esforço sincero por corrigir os erros do passado
e o nosso firme propósito de correção
dar abundantes frutos de graça
para o aprofundamento da fé
nas nossas famílias, paróquias, escolas e associações,
e para o progresso espiritual da sociedade irlandesa,
e para o crescimento da caridade, da justiça, da alegria
e da paz, na inteira família humana.

A ti, ó Trindade,
com plena confiança na amorosa proteção de Maria,
Rainha da Irlanda, nossa Mãe,
e de São Patrício, de Santa Brígida e de todos os santos,
confiamos a nós mesmos, nossos filhos
e as necessidades da Igreja na Irlanda.

Amém.